VIDA SAUDÁVEL E FELIZ
EVANGELHO DE JESUS E SAÚDE MENTAL

Leonardo Machado

VIDA SAUDÁVEL E FELIZ
EVANGELHO DE JESUS E SAÚDE MENTAL

Copyright © 2018 by
FEDERAÇÃO ESPÍRITA BRASILEIRA – FEB

1ª edição – Impressão pequenas tiragens – 3/2025

ISBN 978-85-9466-099-2

Todos os direitos reservados. Nenhuma parte desta publicação pode ser reproduzida, armazenada ou transmitida, total ou parcialmente, por quaisquer métodos ou processos, sem autorização do detentor do *copyright*.

FEDERAÇÃO ESPÍRITA BRASILEIRA – FEB
SGAN 603 – Conjunto F – Avenida L2 Norte
70830-106 – Brasília (DF) – Brasil
www.febeditora.com.br
editorial@febnet.org.br
+55 61 2101 6161

Pedidos de livros à FEB
Comercial
Tel.: (61) 2101 6161 – comercial@febnet.org.br

Adquirindo esta obra, você está colaborando com as ações de assistência e promoção social da FEB e com o Movimento Espírita na divulgação do Evangelho de Jesus à luz do Espiritismo.

Dados Internacionais de Catalogação na Publicação (CIP)
(Federação Espírita Brasileira – Biblioteca de Obras Raras)

M149v   Machado, Leonardo

        Vida saudável e feliz: evangelho de Jesus e saúde mental / Leonardo Machado – 1. ed. – Impressão pequenas tiragens – Brasília: FEB, 2025.

        184 p.; 21 cm

        Inclui índice geral e referências.

        ISBN 978-85-9466-099-2

        1. Evangelho. 2. Saúde mental. 3. Espiritismo. I. Federação Espírita Brasileira. II. Título.

CDD 133.9
CDU 133.7
CDE 80.01.00

Sumário

Introdução 7
1. A mulher com hemorragia e a força do pensamento... 11
2. O Pai-Nosso e o poder da prece e da fé 21
3. Amar-se para amar o outro......................... 35
4. O que fazer quando eu não aprendi o que é amor?... 41
5. Pegando o que é nosso 45
6. Ouvidos de ouvir 49
7. A tristeza que eleva e ensina...................... 55
8. Aflição possível e sem culpa...................... 63
9. O Natal de Jesus e a beleza da vida 69
10. A samaritana e as nossas escolhas............ 75
11. Onde se encontra a felicidade? 83
12. Laborterapia... 91
13. Diminuindo o nosso narcisismo................ 97
14. Deixando a vitimização de lado................ 103
15. Fazer um pouco mais 109

16 A criança que há em nós 117

17 Abandonando as amarras parentais............ 121

18 Filhos e pais: rompendo os nós.................. 127

19 Seguir em frente... 135

20 Pílula de autoestima................................... 139

21 A serenidade dos lírios do campo 143

22 Reconciliações necessárias 149

23 Flexibilidade mental................................... 155

24 Um pouco mais de humor em
    nossas vidas 161

Conclusão 165

Índice geral 171

Referências 179

Introdução

O Espiritismo não institui nenhuma nova moral: apenas facilita aos homens a inteligência e a prática do Cristo, facultando fé inabalável e esclarecida aos que duvidam ou vacilam.

Allan Kardec[1]

Ao longo do tempo, Jesus já recebeu várias adjetivações: Médico dos Médicos, Rei dos Reis, Maior Psicólogo do Mundo, Divino Psicoterapeuta, Sublime Poeta, Messias, Príncipe da Paz, Cordeiro de Deus, Bom Pastor.

Particularmente, porém, prefiro aquela ínsita na Codificação Espírita: Modelo e Guia.[2] Esta me parece definir bem a função dele para todos nós. Além disso, acredito que seja mais abrangente e atemporal.

---

1 Em *O evangelho segundo o espiritismo*, cap. 17.
2 *O livro dos espíritos*, q. 625.

Hoje, por exemplo, precisamos muito da medicina. Certamente, contudo, haverá um dia em que a Terra, sendo um planeta puro, habitado essencialmente por Espíritos Superiores, não necessitará desse tipo de intervenção; ou, pelo menos, a medicina será totalmente diferente das abordagens terrenas que conhecemos ou projetamos com as pesquisas, bem como daquelas de que ouvimos notícias do Mundo Espiritual. Isso porque a influência da matéria praticamente não existirá nessa condição. E, além disso, os Espíritos que lá estarão não terão mais as amarras expiatórias do destino. Dessa maneira, adjetivos como Médico dos Médicos ou Divino Psicoterapeuta já não terão tanto impacto como nos dias atuais. Mesmo aí, entretanto, Jesus continuará sendo o Modelo e o Guia.

Pessoalmente, estagiando nos campos da medicina e da psicoterapia, confesso não me sentir totalmente à vontade com as adjetivações da área da saúde que eu possa vir dar a Ele. Para mim, Jesus é mais! Sei que, como Ele, eu também sou um deus em potencial, uma luz que crescerá. Mas, por hora, a distância entre nós e do ofício que praticamos têm fronteiras abismais.

Entretanto, Jesus sendo mais, podemos aprender com Ele em todas as áreas da Vida.

Como consequência, ao longo de minha formação médica, posteriormente me especializando na psiquiatria e adentrando também na psicoterapia, fui percebendo que muitos dos conceitos que ia aprendendo na academia, muitas vezes, eram aprofundamentos de conhecimentos que eu já tinha aprendido nesta e em outras existências com Jesus.

Desse modo, caro(a) leitor(a), nestas páginas, compartilho com você algumas dessas ponderações, convidando-o a viajarmos com Ele para dentro de um *eu* saudável e em paz.

Não as escrevi exclusivamente para quem passa por um transtorno mental primário ou por uma enfermidade clínica com repercussões psíquicas. Foi meu desejo escrevê-las na lógica da saúde. Portanto, igualmente, para mim mesmo e para todos aqueles que no momento apresentam relativo bem-estar mental.

Sendo assim, caminhemos pelas estradas do *Evangelho* buscando *saúde mental*.

LEONARDO MACHADO
Recife (PE), fevereiro de 2018.

1 A MULHER COM HEMORRAGIA E A FORÇA DO PENSAMENTO

> *A alma humana percorre seu caminho cercada de uma atmosfera brilhante ou turva, povoada pelas criações de seu pensamento.*
>
> LÉON DENIS[3]

Naquele dia, Jesus[4] havia sido procurado por um chefe da sinagoga de nome Jairo. Esse homem, aflito pela filhinha de apenas 12 anos que estava à beira da morte, prostrando-se diante do Cristo, rogava-lhe uma visita domiciliar a fim de ajudar a menina.

Naquele tempo, a fama do Rabi já ganhava os vários cantos da Palestina. Por isso mesmo,

---
3 Em *O problema do ser, do destino e da dor*, 3ª pt., cap. 23.
4 *Lucas*, 8:40 a 47; *Mateus*, 9:18 a 22; *Marcos*, 5:21 a 34.

enquanto ia em direção à casa de Jairo, uma grande multidão se apertava ao redor dele desejosa de receber algum benefício.

Uma pessoa, porém, chamou a atenção naqueles dias inolvidáveis. Tratava-se de uma mulher que sofria de uma hemorragia vaginal havia cerca de doze anos. É provável que ela tivesse uma miomatose uterina,[5] mas a medicina da época apenas engatinhava. Assim, apesar de ela gastar todos os recursos possíveis para obter a cura, não a encontrou. Como consequência, certamente, se encontrava anêmica pela perda sanguínea continuada e, desse modo, com astenia.[6] Sair de casa, portanto, deveria ser algo muito difícil para ela. Caminhar longas distâncias, mais ainda. E vencer uma multidão desejosa de consolo e de cura, sobretudo!

Em que pese isso, ela decidiu ir ao encontro desse homem do qual tanto havia escutado. Eram tantas as maravilhas que Ele operava na vida das pessoas, que certamente – pensava – Ele também a ajudaria.

Os dias passaram largos. As estrelas devem ter sido as suas consolações nessas ocasiões. Até que, naquele momento, finalmente, Ele estaria mais ou menos próximo de onde ela residia. Não havia

---

5 Doença ginecológica caracterizada por crescimento de única ou de múltiplas tumorações benignas no útero. O sintoma mais comum é sangramento vaginal, com fluxo menstrual maior.

6 Sensação de fraqueza, de falta de energia.

dúvida! Ela iria! Se ao menos tocasse as vestes daquele nazareno, tudo poderia mudar – assim ela pensava.

E, mobilizando os pensamentos nessa direção, ela foi. Venceu a própria fragilidade orgânica, saiu da cama, ganhou as ruas, enfrentou a multidão e, discretamente, já sem forças, tocou-lhe por trás a orla da veste.

Que milagre era aquele?! Num átimo, ela percebeu o fluxo estancar.

Ainda estava sem energia para se levantar, mas o ânimo tomava forma em seu interior.

Ninguém, porém, percebeu-lhe a presença sutil, menos Jesus.

– Quem me tocou? – perguntou o Cristo aos discípulos.

Pedro, no entanto, ainda guardando muito do seu temperamento intempestivo, olhou para os outros companheiros e respondeu:

– Senhor, a multidão te aperta e te oprime e ainda perguntas quem te tocou?

– Alguém me tocou, pois eu senti sair de mim uma força, uma virtude – insistiu o Mestre.

Naquele momento, Jesus olhou e percebeu uma mulher. Esta, profundamente alegre, declarou, diante de todos, o acontecimento e escutou da boca do Divino Mestre:

– Filha, a tua fé te salvou. Vai em paz.

***

Aquela outra mulher tinha uma história de vida difícil. Também por isso, aprendeu a se ver como alguém abandonada pelas dádivas do destino. Um profundo pessimismo crescia no solo da própria intimidade.

Quando, portanto, o casamento chegou e a dificuldade em ter filhos se apresentou, prestamente, ela se viu entrar em um mar de melancolia.

– Só coisas ruins acontecem comigo – concluiu sem pestanejar.

Depois de muitos anos e vários exames, detectou-se que somente um milagre – na fala do médico que acompanhava o caso – poderia fazer com que aquela mulher engravidasse pelas vias naturais. A solução mais viável para a medicina era uma fertilização *in vitro*.[7] Mesmo assim, pela peculiaridade do caso, haveria uma razoável chance de a gestação não ser viável, caso ocorresse uma gravidez ectópica tubária.[8]

Desconsolada, e paralelo a isso, a mulher procurava outras ajudas, desde a psicoterápica até a

---

[7] Técnica de reprodução assistida medicamente, que consiste em colocar laboratorialmente uma quantidade expressiva de espermatozoides ao redor do oócito II (futuro óvulo) com o intuito de obter pré-embriões que posteriormente serão transferidos para a cavidade uterina.

[8] Gravidez ectópica se dá quando a gestação se efetua fora da cavidade uterina. No caso em questão, nas trompas uterinas.

intervenção espiritual. Até que algo inesperado ocorreu. Pelas vias naturais, a mulher percebeu a menstruação atrasar.

– Beta-hCG positivo![9] Grávida?! Não é possível, só coisas ruins acontecem comigo! – pensou ela.

De fato, ela estava grávida. Mas o pessimismo estava tão enraizado no íntimo dela, que eram gerados pensamentos do tipo: "Estou grávida, mas certamente será ectópica, nas tubas uterinas".

A ultrassonografia (USG), porém, confirmou a gravidez, mostrando ainda que a gestação era tópica, ou seja, no local certo.

Só alegria, tu podes pensar.

E, de fato, foi. No entanto, por pouco tempo. Semanas depois, o pessimismo produzia o medo de que, apesar de a gravidez ser tópica, aconteceria um abortamento espontâneo.

Assim, a tensão foi aumentando. Logo, contrações uterinas precoces começaram a surgir. Depois, sangramentos vaginais pequenos. Em seguida, outras complicações menores. No entanto, a menininha que no ventre da mãe estava, no ventre materno ficou. Ela precisava voltar ao berço terreno!

Os meses foram se passando. E a menininha resistindo. Mas o pessimismo continuou

---

9   Teste de gravidez que busca a subunidade beta da gonadotrofina coriônica humana no sangue (ou na urina). Esse hormônio é produzido durante a formação da placenta.

aprontando das suas: "Não aconteceu um abortamento, mas ela terá uma má-formação" – pensava a jovem, influenciada pelo pessimismo que lhe arrasava a alegria e a esperança.

A USG morfológica[10] e a USG com translucência nucal,[11] contudo, foram normais. Apesar disso, com o passar da gestação, a certeza de que a bebezinha nasceria morta ou teria alguma complicação no pós-parto foi crescendo. Realmente, depois de algumas pequenas complicações que fizeram o parto acontecer prematuramente, a pequenina ficou na UTI neonatal.[12] Mas... sobreviveu!

Finalmente, a vida tinha vencido as armadilhas do pessimismo! Aquela menininha trazia a mensagem de que a esperança pode quebrar as incertezas do pensamento negativo e fazer triunfar a confiança em dias melhores!

***

Duas mulheres. Dois caminhos. Um ensinamento.
De vários que tocaram Jesus naquele dia, somente a mulher com hemorragia foi capaz de atrair com o ímã do próprio pensamento as energias

---

10 Ultrassonografia morfológica serve para verificar a anatomia do feto.
11 Esse tipo de ultrassonografia serve para verificar o risco de o feto ter, por exemplo, síndrome de Down.
12 Unidade de terapia intensiva para recém-nascidos.

salutares provenientes do Cristo e, dessa maneira, obter a cura.

Por outro lado, mesmo tendo várias evidências otimistas novas da Vida, o pessimismo não cessou de gerar obstáculos àquela outra mulher. Isso porque o pensamento é capaz de gerar ventura ou desalento, paz ou angústia, saúde ou doença, liberdade ou escravidão!

Nesse sentido, o Espiritismo[13] explica que, permeando todo o Universo, existe uma matéria elementar primitiva denominada "fluido cósmico". É a partir desta que os seres constroem a própria atmosfera psíquica, manipulando os chamados fluidos espirituais a partir do pensamento e da vontade.

Em determinadas situações, esse processo se efetua de modo intencional, consciente, portanto. Contudo, muitas vezes, dá-se de maneira sutil por meio dos pensamentos inconscientes, resultando mais de um hábito mental, por assim dizer.

Dessa forma, o Espírito qualifica a si mesmo por meio dos próprios pensamentos que alimenta dentro de si, uma vez que estes vão ser de certo modo fotografados no envoltório perispiritual que o conecta ao corpo biológico. É o que Allan Kardec chamou de "fotografia do pensamento".

---

13   A esse respeito, ver *A gênese*, de Allan Kardec, cap. 14.

Como consequência, se determinada atitude mental for mantida, esta, mais cedo ou mais tarde, repercutirá positiva ou negativamente na fisiologia corpórea.

Resumidamente, então, a Doutrina Espírita explica que os pensamentos vinculados à vontade transformam o fluido universal em correspondentes fluidos espirituais; estes, por sua vez, impregnam o perispírito como em uma fotografia; e esse retrato repercutirá no organismo biológico.

Assim,

> [...] se os eflúvios são de boa natureza, o corpo ressente uma impressão salutar; se são maus, a impressão é penosa. Se são permanentes e enérgicos, os eflúvios maus podem ocasionar desordens físicas; não é outra a causa de certas enfermidades (KARDEC, 2016, cap. 14, it. 18).

Foi por esse motivo que Léon Denis, examinando a questão, completou a citação inicial deste capítulo, dizendo:

> O pensamento, dizíamos, é criador. Não atua somente em roda de nós, influenciando nossos semelhantes para o bem ou para o mal; atua principalmente em nós [...]. Modelamos nossa

alma e seu invólucro com os nossos pensamentos; estes produzem formas, imagens que se imprimem na matéria sutil, de que o corpo fluídico é composto (DENIS, 2014, cap. 24).

Mas, além dessa visão evangélico-espiritista e indo ao encontro dela, temos hodiernamente o privilégio de viver em uma época herdeira das contribuições de vários médicos pioneiros, como Sigmund Freud e a psicanálise, desvendando a força do inconsciente; Carl Gustav Jung e a psicologia analítica, desdobrando as forças energéticas do ser; Michael Balint e o aprofundamento da visão psicossomática da medicina; e Aaron Beck e a terapia cognitiva, ensinando a lidar com os próprios pensamentos.

Dessa forma, não há mais sentido em se dividir de modo excludente o biológico do psicológico. Ambas as esferas fazem parte de um *continuum*. Precisar onde termina um e começa o outro é temerário, na realidade, impraticável.

Sendo assim, fica a reflexão: como anda o seu pensamento? Para qual direção está direcionada a força do seu psiquismo?

> *[...] criando imagens fluídicas, o pensamento se reflete no envoltório perispirítico, como num espelho; toma nele corpo e aí de certo modo se fotografa.*
>
> **Allan Kardec**[14]

---

14 Em *A gênese*, cap. 14, it. 15.

2 O Pai-Nosso e o poder da prece e da fé

A prece fervente abre, de par em par, as portas da Alma e, por essas aberturas, os raios de força, as irradiações do foco eterno nos penetram e nos vivificam.

Léon Denis[15]

Empolgado pela futura profissão médica, o jovem estudante passou a visitar a enfermaria de oncologia[16] do hospital universitário no qual estudava. Na realidade, ele próprio tinha entrado na faculdade com o desejo de se direcionar para essa especialidade.

O interesse dele, porém, não era propriamente com a clínica dos pacientes que passou a visitar,

---

15 Em *O grande enigma*, 1ª pt., cap. 3.
16 Especialidade médica que estuda e trata o câncer. Há tanto a parte clínica quanto a cirúrgica.

mas conhecer a história de vida deles, conversar com eles.

Desse modo, naquela incursão, ele teve contato com cerca de seis mulheres. Com a maior parte delas, porém, somente travou uma entrevista. Nos dias subsequentes, quando retornava ao pavilhão:

— Vocês viram onde se encontra tal senhora? — questionava à equipe de enfermagem.

— Ontem, ela morreu — respondiam em uníssono.

Uma paciente, entretanto, chamou-lhe a atenção.

Quando ele chegou para se apresentar, de chofre, lhe causou estranheza a farta cabeleira natural que ela apresentava. De tanto passar, entre uma e outra aula, pelos corredores do hospital, ele havia se acostumado com a queda capilar decorrente dos efeitos colaterais de alguns quimioterápicos usados na terapia contra as neoplasias. De qualquer forma, apresentou-se e, depois das devidas apresentações que se seguiram, sentou-se ao lado dela e conversaram largamente.

— A senhora mora aqui em nosso estado? — perguntou o rapaz.

— Não. Moro em *tal* estado nordestino. Quando a doença me atingiu, há mais ou menos quatro anos, vim fazer tratamento aqui neste hospital. Desde então, venho lutando contra ela. Porém, hospedando-me na casa de minha irmã, as viagens para cá começaram a ficar tão frequentes que, há algum tempo, moro por aqui mesmo; mais nos hospitais, para falar a verdade.

— Os médicos — interveio a irmã, em um misto de naturalidade e conformação — deram de um a cinco meses de vida para ela. Faz algum tempo que não fazem mais a terapia contra o câncer, porque não faz mais efeito. Por isso o cabelo dela está tão grande e bonito — explicou, enquanto alisava carinhosamente os cabelos da senhora.

Dona Anabel[17] tinha tido o diagnóstico de câncer do colo uterino de modo tardio, quando já se encontrava espalhado no corpo além do sítio inicial. Na ocasião em que essa história ocorreu, ela já se encontrava com metástase óssea e, no que diz respeito à medicina, sem possiblidade curativa.

O jovem, então, passou a visitá-la quase que diariamente, entre o intervalo de uma para outra aula. Nesse contato rotineiro, vivenciou muitas experiências que marcaram profundamente a sua futura profissão.

O olhar de Anabel transparecia relativa tranquilidade, apesar da doença e da situação difícil por que passava. Cristã, especificamente vinculada à Religião Católica, ela tinha uma fé que poucas vezes se vislumbra em alguém.

---
17   Nome fictício.

Certo dia, um pedaço de livro saiu debaixo de seu travesseiro. Porque notasse que o estudante havia percebido, ela explicou:

— É a *Bíblia*.

— A senhora gosta de lê-la?

— Na verdade, leio pouco. Parece que minhas forças estão acabando.

— E por qual motivo coloca o livro nesse local, então?

— É porque, desse modo, sinto-me mais confortada. É como se Jesus estivesse mais próximo de mim.

Aquela atitude ingênua encantou o rapaz. Por algum mecanismo psicológico, aquele gesto a ajudava bastante, de tal modo que a deixava em postura completamente diferente dos demais pacientes que dividiam a bem estruturada enfermaria em que ela se encontrava.

Isso era tão marcante nela, que levou o futuro médico a procurar saber dos demais profissionais de saúde, sobretudo do pessoal técnico de enfermagem, bem como da enfermeira chefe, se aquela conduta era constante.

— Sim — respondiam-lhe.

— É impressionante — confessavam-lhe.

— Ontem mesmo — disse-lhe ainda outra —, dona Anabel estava sentindo dores enormes. Era perceptível. O médico fez morfina e outros analgésicos potentes, mas não passava. Eu, porém, não escutei uma reclamação, um grito, um choro exagerado. Nada.

Com aqueles relatos, o universitário ficou extremamente preocupado.

"Será que ela está reprimindo a sua dor?" – pensou.

"Expressá-la era no mínimo importante, para não dizer saudável, especialmente do ponto de vista psicológico, naquela situação terminal da existência," – falou de si para consigo mesmo.

Dessa maneira, ele foi procurar a querida paciente e perguntar o motivo daquele silêncio desconcertante.

– Ah! Eu não quero incomodar nem assustar os outros com a minha dor. Aqui no quarto, há vários doentes. Eles estão piores do que eu.

Organicamente, a informação não procedia de todo. Eram mulheres com câncer em estágios menos avançados. Emocionalmente, porém, talvez estivessem em situação pior, é verdade.

– Mas a senhora não teme o que pode vir depois? – indagou.

– Não. Eu sei que eu vou viver. Não sei como será depois da morte, mas viverei, pois preciso cuidar de meus filhos e de meu marido, que ficarão.

Em outra ocasião, o jovem a encontrou muito cabisbaixa, tristonha. As lágrimas desciam de seus olhos de modo tímido. Falaram algumas palavras, mas o momento não pedia muitas frases, apenas o silêncio de poder sentir aquele dorido instante.

Naquele dia, bem como em outras oportunidades, ele treinou a importante arte de silenciar, estando junto à dor da paciente. Não havia muito a ser feito, além de segurar a mão dela e aguardar. Obviamente, era igualmente doloroso ali ficar, mas na medicina ele havia aprendido desde cedo que consolar, cuidar e curar são três esferas que se confundem. São, na verdade, três ângulos de uma mesma geometria.

A certa altura, entretanto, um grupo de religiosas chegou. É interessante observar como a rotina pode deixar as pessoas, até mesmo as bem-intencionadas, maquinais, se não houver um cuidado contínuo, e assim transformar algo que é belo e sublime, como a doação de Amor pela caridade, em um movimento mecânico e até prejudicial.

– Por que a senhora está chorando, minha filha? – perguntou a líder delas.

– Nada não. São apenas as dores, irmã.

– Mas você não tem fé não?! – indagou ainda, agora mais ríspida. – O que é isso?! Confie em Jesus!

Ainda fizeram uma prece, um tanto quanto sem sentimento, e saíram distribuindo patéticas bênçãos.

Não é preciso dizer que pouco ajudaram a senhora Anabel. Pelo contrário, contribuíram negativamente para o estado emocional em que ela se encontrava.

— Mas eu tenho fé — repetia a paciente, sem saber o que sentir.

— Não se preocupe, senhora — arrematou o estudante. — Encontrei em ti uma fé que poucas vezes presenciei na vida. É muito fácil falar de confiança em Deus e vender tranquilidade quando está tudo bem. As nossas colegas, coitadas, estão confundindo prazer de servir com obrigação de ajudar e, fazendo isso, atrapalharam-se na forma como tentam passar o conforto da presença do Divino. Fique em paz.

E, aproveitando o ensejo, perguntou se ela não queria fazer uma breve oração com ele. Com a anuência dela, oraram juntos a prece universal do Pai-Nosso e, em seguida, ele pegou a mão dela e, em silêncio, sem alarde ou gestos que pudessem ferir a crença alheia, rezaram ao modo do rapaz, em silêncio.

O rapaz percebeu que aquela atitude a acalmou. E, sendo assim, começaram a utilizar a prece diariamente. Quando, porque mais apressado, ele queria ir embora sem fazê-la, a paciente lhe cobrava, ao que ele voltava e repetia com amor o gesto oracional. A partir daí, ele aprendeu a orar com os pacientes dele, utilizando-se da prece sutil e rotineiramente.

Futuramente, reiteradas vezes, porque não tivesse abertura como tivera com a dona Anabel, após o exame médico, deixava-se demorar um pouco mais com o estetoscópio junto aos doentes. E, ao mesmo tempo que auscultava o coração ou os pulmões, orava em benefício deles. Jocosamente, passou a chamar tal atitude de "estetopasse" ou "estetoprece".

Os meses foram se passando, e a adorável paciente resistindo à morte. Depois de um ano, ela ainda se encontrava encarnada, apesar das previsões médicas, justas porque baseadas em dados da literatura, porém não infalíveis, já que cada paciente é um universo e consegue transformar, muitas vezes, os números em letras mortas.

Depois de algum tempo, ela se encontrava com o estado geral bem mais decaído. E, em uma visitação, depois de algum diálogo, o estudante não se conteve e perguntou:

— Por que a senhora gostava tanto de orar comigo? Em algumas ocasiões, quando eu estava para ir embora mais rapidamente, sempre me solicitava a prece.

— Ah, meu filho! É porque várias vezes a dor estava muito forte. A morfina já era como água, não me fazia mais nenhum efeito na diminuição dela. Mas, depois que nós rezávamos, a dor passava.

Aquela informação objetiva e direta causou profunda emoção no rapaz. Obviamente, ele acreditava no poder terapêutico da prece. No entanto, aquele relato real de que, pela oração, uma dor física havia diminuído agudamente, especialmente quando remédios consagrados não surtiam efeito, tocou-lhe sobremaneira.

Três dias depois desse diálogo, ele voltou a vê-la. Apressado, ele já ia em direção do próprio lar quando uma força o fez voltar ao hospital e conversar com a paciente.

A situação, entretanto, era diversa. Seu estado era caquético. Além disso, a irmã lhe informou que havia dois dias que dona Anabel não acordava. Era como se — dizia-lhe — ela estivesse sedada, muito embora sem estar tomando medicamentos para tal finalidade.

— Poderíamos, contudo, mais uma vez, orar em homenagem a sua irmã, já que ela gostava tanto? — perguntou o futuro médico.

— Claro! — respondeu-lhe a irmã.

— Pai nosso que estás nos céus, santificado seja o teu nome — balbuciou, mas não teve tempo de terminar, pois a paciente começou a mexer levemente os braços e a abrir os olhos.

— Doutor, ela acordou. Ela não abria os olhos assim há dois dias! — disse-lhe espantada e emocionada a irmã.

A voz da paciente, no entanto, estava débil. E, como ela queria dizer-lhe algo, aproximou-se mais.

— Muito obrigado, meu filho! Quando tudo estava tão difícil, tu estavas ao meu lado. Deus te pague! — disse-lhe em voz trêmula.

— Desejas orar? — perguntou.

Ao sinal positivo da paciente, repetiu-se novamente o Pai-Nosso ensinado por Jesus. Não sabiam, mas aquela seria a última oração que faziam juntos. A senhora Anabel morreu quase que nos braços do futuro médico, ao som de uma singela prece e em meio a um profundo sentimento de doação.

Aos olhos do mundo, finalmente, o câncer havia vencido a guerra da vida. Aos olhos da transcendência, entretanto, a fé lhe havia dado um passaporte de segurança na viagem da morte, já que lhe trouxe consolação e paz nas trevas da terminalidade.

***

As pesquisas científicas no campo da medicina, cada vez mais, vão ao encontro desta verdade: a prece e a fé têm poderes terapêuticos, portanto devem ser estimuladas no campo da saúde.

Possivelmente, mobilizam mudanças neuroquímicas nas sinapses[18] cerebrais, que possibilitam mudança no limiar de dor, fazendo com que resistamos mais ao desconforto. Ao mesmo tempo, produzem alterações imunológicas positivas no longo prazo (KOENING, 1997, p. 233-250).

Desse modo, quando aprendermos o valor da oração, prescrevendo a prece e a fé como receitas saudáveis para o bem-estar, certamente, um novo horizonte de possibilidades se abrirá.

Não foi sem motivo, portanto, que Jesus, no monte, ensinou-nos a orar o Pai-Nosso,[19] símbolo de nossa conexão com Deus. E, da mesma maneira, explicou-nos que a fé tem o poder de transportar as montanhas das nossas incertezas.[20]

Certamente, tanto a prece quanto a fé não poderão mudar determinados pontos de nosso destino, gerados por várias causas e efeitos que construímos para nós mesmos. Entretanto, as duas instâncias conseguirão amenizar em nós muitos problemas afligentes.

---

18 Sinapse é a ligação entre dois neurônios.
19 *Mateus*, 6:9 a 13; *Lucas*, 11:1 a 4.
20 *Mateus*, 17:20.

Para que isso se efetue, porém, a oração não deve ter como ponto principal a pomposidade. Ao contrário, segundo a visão espírita, deve ser simples, saída do coração, já que é um ato de conexão com a Divindade.

É verdade que Jesus ensinou o Pai-Nosso e o próprio Allan Kardec, no último capítulo de *O evangelho segundo o espiritismo*, trouxe uma coletânea de preces espíritas. Entretanto, tanto este quanto aquele enfatizaram a noção de que era preciso vislumbrar esses momentos com singeleza, sinceridade e em uma perspectiva mais abrangente.

Jesus, por exemplo, disse-nos que não deveríamos orar como os hipócritas fazem, anunciando aos quatro cantos;[21] ao mesmo tempo, informou que seria fundamental a reconciliação com os adversários antes de tentar fazer contato com Deus.[22]

É nesse sentido que o Espiritismo, compreendendo as palavras do Mestre como uma ampliação do conceito de orar, explica que "a prece do dia é o cumprimento dos vossos deveres, sem exceção de nenhum, qualquer que seja a natureza deles" (KARDEC, 2017a, cap. 27, it. 22). Por esse motivo, "a vida do homem de bem é uma prece contínua, uma

---

21 *Mateus*, 5 a 8.
22 *Marcos*, 25 e 26.

comunhão perpétua com seus semelhantes e com Deus" (DENIS, 2014, cap. 3).

De qualquer forma, nos dias de tormentas, não se entregue ao desespero. Para um pouco e se pergunte:

– Eu já conversei com Deus? Eu já entreguei a minha vida a Ele?

> *Os Espíritos hão dito sempre: "A forma nada vale, o pensamento é tudo. Ore, pois, cada um segundo suas convicções e da maneira que mais o toque. Um bom pensamento vale mais do que grande número de palavras com as quais nada tenha o coração".*
>
> ALLAN KARDEC[23]

---

23   Em *O evangelho segundo o espiritismo*, cap. 28, it. 1.

3 Amar-se para amar o outro

O amor, qualquer que seja o mundo em que se esteja, é a força, o eixo das esferas que gravitam em suas órbitas. [...] No homem, na sociedade inteira, é o amor que forma as simpatias, que torna possíveis as relações dos humanos entre si.

Léon Denis[24]

Naquela noite, na sala de uma emergência médica, o jovem estudante aprendia a arte da medicina. Depois de atender alguns pacientes com quadros psiquiátricos descompensados, havia chegado a vez de uma senhora que muito lhe chamou a atenção. Vestida com roupas extravagantes e transparecendo uma sexualidade exacerbada, ela adentrou o

---
24 Em *O além e a sobrevivência do ser*, p. 39.

consultório cantando de modo bem estridente e caricatural, ao mesmo tempo em que era acompanhada por uma irmã e a filha mais velha.

O atendimento transcorria dentro do habitual até que, a certa altura, estafada, a irmã falou enfaticamente com a sobrinha, referindo-se à transtornada mulher:

– Eu não aguento mais, não! Agora que você completou 18 anos, vai passar a cuidar dela.

Foram tomadas todas as condutas diagnósticas e terapêuticas adequadas ao caso e, depois disso, o futuro esculápio, procurando entender melhor o enquadramento familiar, indagou à jovem moça:

– Há quanto tempo sua mãe tem essa doença?

Fez-se um silêncio breve, e, parecendo ter passado por uma retrospectiva de vida, a menina respondeu:

– Faz tanto tempo que eu nem me lembro... Desde que eu me entendo por gente, ela é assim.

Não houve, contudo, tempo para ela terminar a frase. Automaticamente, as lágrimas rolaram em seu rosto de modo convulsivo. Um silêncio dominou o ambiente e, até mesmo a paciente, diminuindo o estado de agitação em que se encontrava, deixou-se emocionar.

***

A fala de Jesus,[25] indicando que o maior dos mandamentos seria amar ao próximo como a si mesmo,[26] bem como a Deus acima de tudo,[27] é de uma veracidade singular. Para se amar o Criador, que é ainda um grande desconhecido, é necessário amar a sua criação, sobretudo a mais encantadora, que é o ser humano; o próximo, portanto. Entretanto, para se amar o outro, imprescindível é se amar.

Sem o autoamor, não se dispõe de matéria-prima para amar o semelhante, muito menos o desigual.

Somente se consegue doar abundantemente aquilo que se possui em abundância.

É por isso que pessoas muito rígidas consigo tendem a ser inflexíveis nas relações diárias. Aqueles que não conseguem se perdoar passam a ser rancorosos em demasia com os outros, e muitos que se culpam e se torturam mentalmente, vez que outra, acabam sendo implacáveis com o próximo.

Nessa perspectiva, o Espírito Lázaro escreveu, no Espiritismo, uma das mais belas páginas sobre esse sentimento divino, ensinando que:

> O amor resume a doutrina de Jesus inteira, visto que esse é o sentimento por excelência, e os

---

25 *Marcos*, 12:28 a 33.
26 *Levítico*, 19:18.
27 *Deuteronômio*, 6:4 e 5.

sentimentos são os instintos elevados à altura do progresso feito. Em sua origem, o homem só tem instintos; quando mais avançado e corrompido, só tem sensações; quando instruído e depurado, tem sentimentos. E o ponto delicado do sentimento é o amor, não o amor no sentido vulgar do termo, mas esse sol interior que condensa e reúne em seu ardente foco todas as aspirações e todas as revelações sobre-humanas. A Lei de Amor substitui a personalidade pela fusão dos seres; extingue as misérias sociais (KARDEC, 2017a, cap. 11, it. 8).

Nessa perspectiva, observa-se que, até mesmo o amor de mãe, considerado quase sempre como o que há de mais divino, não consegue ser adequadamente demonstrado em situações de intensa dor, insatisfação e vazio pessoais. Isso porque, nessas ocasiões, esse foco ardente interior chamado Amor não encontra caminho adequado para ser direcionado para o exterior do comportamento e das relações.

Em reiteradas ocasiões, os filhos são convidados pela vida, desde tenra idade, a inverter os papéis e, ao invés de receberem mimos, passarem a ser cuidadores dos pais.

Em tais circunstâncias, pode-se optar pela vitimização, revolta ou mágoa, ou, então, tentar se preencher de um saudável autoamor, espalhando luzes pela existência.

Certamente, essa segunda via é mais difícil, porque faz um convite à transcendência, ou seja, ao indivíduo, para ir além do que se acha capaz, no entanto, seguramente, é o que conduz à paz e à saúde duradouras.

Para tanto, não há uma receita única infalível; antes, cada um deve encontrar seu próprio caminho, agregando ajudas nos saudáveis ramos da sabedoria humana.

Dessa maneira, você tem conseguido amar a si mesmo?

> Pergunta: A Lei de Deus se acha contida toda no preceito do amor ao próximo, ensinado por Jesus?
>
> Resposta: *Certamente esse preceito encerra todos os deveres dos homens uns para com os outros [...].*
>
> ALLAN KARDEC[28]

---

28 Em *O livro dos espíritos*, q. 647.

4 O QUE FAZER QUANDO EU NÃO APRENDI O QUE É AMOR?

> *Assim como o Sol se projeta, sem exclusões, sobre todas as coisas e reaquece a Natureza inteira, assim também o amor divino vivifica todas as almas; seus raios, penetrando através das trevas do nosso egoísmo, vão iluminar com trêmulos clarões os recônditos de cada coração humano.*
>
> Léon Denis[29]

Ao tempo de Jesus, as comemorações da Páscoa representavam o momento em que Deus fez de Israel o povo escolhido. Portanto, os judeus da época iam em massa para Jerusalém, a qual se enchia de pessoas para os vários momentos das festividades.

---

29 Em *Depois da morte*, 5ª pt., cap. 49.

Naquela noite,[30, 31] Jesus reuniu os apóstolos para uma ceia. Desejava estar mais próximo dos discípulos para alguns ensinamentos fundamentais. Para surpresa de todos, porém, Ele começou o encontro lavando e enxugando os pés dos seus seguidores diretos. De todos, o que mais reagiu foi Pedro.

O Cristo, no entanto, queria ensinar que, se Ele, sendo o Mestre, lavou os pés dos seguidores, eles também deveriam fazer o mesmo entre si. E seriam bem-aventurados se conseguissem colocar isso em prática.

E, após o conhecido e trágico acontecimento com Judas, quis Ele instituir um novo mandamento:
— Amai-vos uns aos outros como eu vos amei.

Todos ficaram encantados. Pedro, no entanto, fez promessas de dar a própria vida em nome de Jesus, ao que o Cristo arrematou, prevendo que o nobre discípulo iria negá-lo três vezes na hora difícil do calvário. Era como se falasse da fragilidade humana diante das horas culminantes.

De qualquer forma, o ensinamento estava posto em palavras, porque muito antes, durante toda a trajetória do Mestre, já tinha sido enunciado por meio dos atos de amor e de servidão que tinha demonstrado.

---

30   *João*, 1 a 38.
31   Há certa discordância sobre se foram duas ceias – uma pascoal e uma chamada Ceia do Senhor Jesus, logo depois da primeira. Contudo, tomaremos como base os relatos de João.

***

Durante a vida, muitos passam por penosas situações, notadamente na infância, momento em que as feridas deixam mais cicatrizes.

Nesse sentido, porque não se aprendeu o que é amar, nem a praticar os atos nobres a que este induz, repete-se um padrão atrapalhado de comportamento baseado no que se teve no passado.

É aí que entra essa fala de Jesus. Sabendo dessa realidade e que nós, em geral, só conseguimos dar aquilo que aprendemos e que temos dentro de nós, Ele se coloca como exemplo e como fonte de Amor, de onde deveremos tirar a matéria-prima para os próprios atos enobrecidos da vida. Na realidade, Ele é o grande exemplo que dispomos do Amor Divino na história terrestre.

Foi por essa razão que Allan Kardec (2017, q. 625), ao se referir ao Cristo, anotou "Deus no-lo oferece como o mais perfeito modelo e a doutrina que ensinou é a expressão mais pura da Lei do Senhor".[32]

Se não temos, na própria história de vida, exemplos de Amor, de humildade e de pacificação, podemos aprender com Ele e, ainda mais, tirar dele os referidos ingredientes para construção do próprio

---

32   Em *O livro dos espíritos*, comentários à q. 625.

equilíbrio emocional e posterior distribuição dessa paz interior para os outros.

Dessa forma, olhe um pouco mais para Jesus e tire dele o Amor que porventura você não aprendeu com os seus pais, a fim de distribuir e construir esperança no porvir.

> *Quando Jesus pronunciou a divina palavra – Amor –, os povos sobressaltaram-se e os mártires, ébrios de esperança, desceram ao circo.*
>
> **LÁZARO (ALLAN KARDEC)** [33]

---

[33] Em *O evangelho segundo o espiritismo*, cap. 11, it. 8.

5 Pegando o que é nosso

> *O dever é o conjunto das prescrições da lei moral, a regra pela qual o homem deve conduzir-se nas relações com seus semelhantes e com o Universo inteiro.*
>
> Léon Denis[34]

Duas amigas conversavam.

— Menina, minha terapeuta tinha razão. Eu pareço uma esponja. Absorvo tudo de todo mundo — falava a mais aflita.

Se alguém chorava perto dela, ela logo chorava em dobro. Se outro lhe contasse os problemas pelos quais passava, ela rapidamente queria resolvê-los. Muitas vezes, perdia o sono por causa disso.

---

[34] Em *Depois da morte*, 5ª pt., cap. 43.

A conversa da tarde ia nesse tom até que a outra amiga, mais serena, ponderou:

— Ainda bem que você não escolheu ser médica! Adoeceria logo no primeiro ano do curso!

E ambas sorriram.

***

É comum encontrarmos pessoas que interpretam o Cristianismo como um dever de salvar o mundo todo abruptamente. Muitas vezes, essa postura traduz uma culpa inconsciente, a qual se tenta sublimar, entretanto desengonçadamente, de uma para outra hora. Justifica-se, desse modo, o próprio jeito de ser com as palavras da Boa-Nova.

Vejamos, entretanto, que Jesus colocou, em uma parábola,[35] o samaritano como aquele que tinha sido o verdadeiro próximo do homem ferido na estrada. Na história, o samaritano mais facilmente se colocou no lugar daquele que estava caído, provavelmente por ter algo em comum com ele. É provável que o samaritano fosse alguém acostumado a viajar e a conhecer os perigos das estradas porque, em determinado momento da parábola, ele fala que, se o hospedeiro tivesse algum gasto a mais, ele pagaria na volta. Continuando a ajuda, assim,

---

35 *Lucas*, 10:29 a 37.

levou a vítima do assalto até uma hospedaria, pagou as despesas e seguiu viagem.

O samaritano, portanto, não precisou prejudicar os próprios compromissos para ajudar. Não ficou constrangendo a vítima a ser grata eternamente ou a seguir os mesmos passos que ele estava seguindo. Ajudou. Fez o que pôde fazer. Pegou a parte dele no compromisso de ser útil à sociedade. Porém seguiu. Sem tormentos. Sem constrangimentos.

De igual modo, quando Judas,[36] atormentado pelo remorso, decidiu tirar a própria vida, percebamos que Jesus, no Mundo Espiritual, não o impediu. Não porque concordasse com a atitude, mas porque sabia que, às vezes, é preciso o indivíduo ter as próprias experiências para poder aprender. Entretanto, nunca deixou de ajudá-lo nos caminhos de dor que o discípulo percorreu.

Desse modo, é preciso aprender a analisar o que é nosso na balança da vida. Assimilar demasiadamente os problemas dos outros, ou jogar demais os próprios problemas para os outros resolverem é atitude prejudicial que traz tormento mental para nós ou para aqueles que convivem diretamente conosco.

Assim, questione-se diariamente: "Tenho conseguido pegar o que me compete?".

---

36 *Mateus*, 27:1 a 5.

> *O dever é a obrigação moral da criatura* para consigo mesma, primeiro, *e, em seguida, para com os outros. O dever é a lei da vida* (grifo nosso).
>
> LÁZARO (ALLAN KARDEC)[37]

---

37 Em *O evangelho segundo o espiritismo*, cap. 17, it. 7.

6 Ouvidos de ouvir

O homem tem necessidade de saber; precisa do esclarecimento, da esperança que consola, da certeza que guia e sustém. Também tem os meios de conhecer, a possibilidade de ver a verdade desprender-se das trevas e inundá-lo com sua luz benéfica.

Léon Denis[38]

A trágica Segunda Guerra Mundial já foi relatada e vista por diversos ângulos. O olhar de Viktor Frankl,[39] no entanto, parece-me encantador.

Ele era médico psiquiatra e psicoterapeuta e tinha origem judaica. Desde jovem, havia demonstrado interesse pela área, correspondendo-se, por exemplo, e conhecendo pessoalmente Sigmund Freud, o médico neurologista fundador da psicanálise.

---

38   Em *O porquê da vida*, cap. 1.
39   FRANKL, Viktor E. *Em busca de sentido*: um psicólogo no campo de concentração. 1991.

Tendo passado, juntamente com os familiares, grandes privações econômicas durante a Primeira Guerra Mundial, ia obtendo relativo sucesso profissional posteriormente. Assim, quando estourou a Segunda Grande Guerra e os nazistas invadiram Viena, ele estava na direção do pavilhão das mulheres suicidas do hospital psiquiátrico da referida cidade. Naquela ocasião, recebeu a ordem de provocar eutanásia em todos os doentes mentais daquela instituição. Heroicamente, porém, desobedeceu às ordens germânicas.

Entretanto, porque era judeu, Frankl, sua esposa grávida e família foram levados aos temidos campos de concentração, sendo, no entanto, separados uns dos outros. Viktor recebeu a tatuagem de prisioneiro número 119.104. Sobreviveu a essa tragédia, mas, ao ser libertado, no final da guerra, descobriu que sua esposa, seus pais e um irmão haviam sido mortos durante o holocausto.

Alma sensível, porém, o eminente psiquiatra conseguiu legar à Humanidade um olhar diferenciado para aquele momento.

Ele anota que, com o tempo, os judeus dos campos de concentração percebiam que iam morrer, de uma ou de outra forma. Se não fosse de fome ou por alguma afecção, seria nos terríveis banhos dos quais ninguém mais voltava. Desse modo, era relativamente comum observar alguém que cometia o suicídio, pegando nos fios de alta tensão das grades. Apesar disso, muitos se mantinham firmes. E ele começou a se questionar o que motivava as pessoas a quererem permanecer vivas.

Com o tempo, foi percebendo que elas encontravam um sentido para sobreviver. Um desejava rever os parentes e ajudar a filhinha a superar aquele trauma. Outro se vinculava a um porquê metafísico para entender o significado de aquilo estar ocorrendo na própria vida. Todos encontravam um sentido existencial.

Ele já suspeitava que isso era de fundamental importância. Até porque, tempos antes, em sua primeira conferência, no ano de 1921, o título que havia escolhido era "A respeito do sentido da vida". Agora, no entanto, era fato. Ele estava diante da comprovação. Ele mesmo aplicaria em si os princípios de encontrar um sentido, ainda que durante dias trevosos.

Ao lado disso, anota curioso que, mesmo naquele campo de dor, as pessoas, para se sentirem mais humanas, utilizavam-se da arte e do humor para aliviar as tensões.

Viktor Frankl fundou, assim, a logoterapia, ou a terapia do sentido. E ele próprio foi o primeiro paciente a se valer dela nos campos de concentração nazistas. Ele estava convencido de que não eram somente os momentos de alegria que traziam ensinamentos, mas também as horas de sofrimento, a depender do olhar que se tivesse.

***

Talvez aquele pernambucano nunca tivesse ouvido falar de Viktor Frankl. Mas a verdade é que ele conseguiu fazer isso em versos.

Oriundo do ambiente insalubre do sertão e com pouco estudo, Luiz Gonzaga conseguiu ter a sensibilidade de perceber a beleza escondida naquele cenário árido. E encantou o Brasil.

Possivelmente, foi esse olhar diferenciado que seu filho Gonzaguinha conseguiu aprender e traduzir em tantas outras músicas de beleza rara, dizendo, por exemplo, que, apesar de tudo, a vida, como dizem as crianças, é bonita, é bonita e é bonita.

***

Ao ler Viktor Frankl e ao escutar as músicas dos Gonzaga, automaticamente, lembro-me de Jesus. E me recordo de que inúmeras vezes, ao terminar um ensinamento, Ele exortava: "Quem tiver ouvidos de ouvir, ouça",[40] sobretudo quando

---

40 *Mateus*, 11:15.

falava em parábolas e quando explicou os motivos pelos quais se valia dessas simbólicas histórias e comparações.[41]

Assim também deve ser em nossas existências.

Para poder encontrar um sentido saudável e positivo para os acontecimentos diários, é necessário despertar em nós a sensibilidade de perceber além do aparente e do óbvio. Esse olhar nos possibilitará a prevenção contra a revolta e o nascer de um otimismo, nobres ingredientes para a nossa saúde mental.

Para isso, porém, "deve afastar-se dos sistemas preconcebidos, perscrutar-se a si próprio, escutar essa voz interior que fala a todos e que os sofismas não podem deturpar: a voz da razão, a voz da consciência" (DENIS, 2016, cap. 1).

Desse modo, se você se encontra nos labirintos do sofrimento, mude o seu olhar e, muito mais do que ter uma atitude investigativa, vislumbre a possibilidade de encontrar um sentido de aprendizado e de crescimento. Se souber as causas, mas não se detiver no significado existencial, certamente não logrará impulsionar otimismo em si. Ao contrário, se tiver um sentido, muito embora desconheça o porquê, conseguirá estar em paz.

---

41 *Mateus*, 13:1 a 23.

O homem pode suavizar ou aumentar o amargor de suas provas, conforme o modo por que encare a vida terrena (grifo nosso).

Allan Kardec[42]

---

42   Em *O evangelho segundo o espiritismo*, cap. 5, it. 13.

7 A TRISTEZA QUE ELEVA E ENSINA

O sofrimento é um iniciador; revela-nos o sentido grave, o lado sério e imponente da vida.

LÉON DENIS[43]

Àquela altura,[44] a fama de Jesus já ganhava limites além Jordão. Curas e ensinamentos se mesclavam, aliviando a turba.

Naquele dia, portanto, uma multidão se aglutinou, desejosa de sentir a presença dele. E foi ao lado da Natureza, subindo o monte, que o Divino Galileu falou a belíssima poesia das bem-aventuranças.

Humildade, mansuetude, misericórdia, sede de justiça, pacificação e pureza de coração foram algumas das características enaltecidas pelo Cristo. Ao

---

43 Em *O problema do ser, do destino e da dor*, 3ª pt., cap. 27.
44 *Mateus*, cap. 4 e 5.

lado destas, no entanto, muitas vezes passa despercebida aquela que foi, justamente, a segunda bem-aventurança: "Bem-aventurados o que choram (ou os tristes; ou os aflitos), porque serão consolados".

Curiosamente, as demais são facilmente ambicionáveis. Mas a tristeza ou o sofrimento? Que benefício esses dois tão indesejados poderiam trazer? E que importância teriam para estar ao lado – e mesmo antes – daquelas outras?

***

Giuseppe Verdi era um jovem músico com o futuro promissor. Tanto era assim que um mercador e amante da música, de nome Antonio Barezzi, decidiu patrocinar a carreira musical do maestro em Milão, então grande palco da ópera italiana.

Pelos reencontros do destino, Verdi acabou se apaixonando pela filha de seu tutor, Margherita. Em pouco tempo se casaram. E juntos tiveram dois filhos, um casal.

Tudo parecia caminhar maravilhosamente bem na vida do rapaz. Os estudos musicais foram se efetivando e logo a oportunidade para apresentar sua primeira ópera chegou. *Oberto* foi o nome da obra. *Alla Scala* em Milão, o teatro.

Infelizmente, porém, aquele momento da vida do compositor seria marcado pela tragédia.

Nem tanto pela receptividade do público, que, embora não tenha sido entusiástica, rendeu-lhe a encomenda de mais duas óperas que deveriam ser estreadas no mesmo palco famoso. Onde, então, o drama?

Justamente no período de composição da estreia, os dois filhos do músico, ainda muito pequeninos, morreram!

Profunda melancolia adentrou na casa dos Verdi.

E, ironicamente, quis o diretor do teatro *Alla Scala* que a segunda ópera do compositor fosse cômica. Mas como sorrir e fazer o público se divertir naqueles dias de dor? Dessa vez, o trágico não se confundiu com o cômico. *Un giorno di regno* foi um fracasso total na estreia!

Paralelamente, Margherita não aguentou aquela dor profunda e caiu em grave transtorno depressivo que culminou com a própria morte.

Verdi então havia perdido os filhos e a esposa. Profunda revolta corroeu seu coração.

— Nunca mais vou compor! — decidiu desesperadamente o compositor.

Em pouco tempo, aquele jovem, que tinha um futuro promissor, adentraria em um verdadeiro ostracismo. Esquecido, enfrentou profunda privação econômica, e sua vida parecia não ter mais sentido.

Porém, uma jovem cantora que o admirou desde o primeiro contato com sua música pareceu não desistir daquela promessa musical. Assim, em certo dia, apesar das reiteradas negativas de Giuseppe, ela lhe entregou um libreto para uma nova ópera, *Nabucco*.

A princípio, Verdi decidiu nem olhar para o material, convencido de que a música tinha sido a origem dos dramas existenciais que o acometeram. Mas quis a força do destino – *La forza del destino* – que ele folheasse o libreto indo ao encontro da pequena grande ária *Va pensiero*:

> Vá, pensamento, sobre as asas douradas
> Vá e pousa sobre as encostas e colinas
> Onde os ares são tépidos e macios
> Com a doce fragrância do solo natal!
> [...]

Aquelas palavras tocaram-lhe profundamente. Logo a inspiração, nascida naquele coração aflito e choroso, terminaria aquela que seria um dos maiores triunfos da história da música. *Nabucco* contava a história da escravidão dos judeus na Babilônia e, por vários paralelos, retratava o sentimento do povo italiano, que, na época, via a parte norte de seu território ser dominada pelo império austríaco. Assim, durante muitos anos, *Va pensiero*, o coro dos escravos hebreus, foi o símbolo do nacionalismo italiano da época.

A partir daquela composição, Verdi se reergueu e conseguiu cumprir sua missão musical junto ao planeta. E se o choro foi o cimento que o fez construir seu edifício musical, certamente, também foi a argamassa que o fez olhar para o próximo e destinar grande parte de seu dinheiro para a construção de obras sociais, como a Casa de Repouso e o Hospital de Villanova.[45]

***

Nos dias hodiernos, a tristeza e a dor são consideradas inimigas implacáveis. Entretanto, muito elas podem ensinar e construir em nossa vida.

Por exemplo, se não existir o incômodo pelo vício em que se encontra, o dependente químico nunca fará o movimento de procurar mudança e ajuda. Sendo assim, esses momentos de aflição podem ser impulsionadores de transformações salutares.

Por outro lado, se Beethoven não tivesse escutado no silêncio da própria surdez e da dor a melodia singela da sua nona sinfonia, a Humanidade não teria um dos maiores patrimônios artísticos já

---

[45] Curiosamente, Verdi estava presente na estreia da ópera *O Guarani*, composta pelo brasileiro Carlos Gomes em cima de um libreto baseado no romance homônimo de José de Alencar. E, segundo a história nos conta, o experiente compositor italiano teria afirmado que aquele jovem campinense começava onde ele, Verdi, estava terminando!

construídos. Dessa maneira, a tristeza também pode servir como sensibilizadora de nossa alma, levando-nos a vislumbrar outras perspectivas que anteriormente nossa ilusão eufórica não nos permitia.

Jesus, portanto, tinha razão! Há um choro que eleva e ensina. Há uma tristeza que sensibiliza e transforma. Há uma aflição que mobiliza e modifica. E, por isso mesmo, são bem-aventurados em nós, bem-aventuradas também por darem ocasião ao homem de provar "sua fé, sua perseverança" (LACORDAIRE/ALLAN KARDEC, 2017a, cap. 5, it. 18).[46]

Não se trata de fazer uma nova visão do masoquismo, desejando a dor. Mas se fala em dar novo significado aos momentos difíceis da existência, fazendo deles molas propulsoras para o próprio engrandecimento. Como diria Léon Denis:

> Aprender a sofrer. Não te direi: procura a dor. Mas, quando ela se erguer inevitável em teu caminho, acolhe-a como uma amiga. Aprende a conhecê-la, a apreciar-lhe a beleza austera, a entender-lhe os secretos ensinamentos. Estuda-lhe a obra oculta. Em vez de te revoltares contra ela ou, então, de ficares acabrunhado, inerte e fraco debaixo de sua ação, associa tua vontade, teu pensamento ao alvo a que ela visa, procura

---
[46] Em *O evangelho segundo o espiritismo*, cap. 5, it. 18.

tirar dela, em sua passagem por tua vida, todo o proveito que ela pode oferecer ao espírito e ao coração (DENIS, 2014, cap. 27).

Desse modo, fica a pergunta: "O que você fez das tristezas que bateram à sua porta?"

> *Pergunta: Há males que independem da maneira de proceder do homem e que atingem mesmo os mais justos. Nenhum meio terá ele de os evitar?*
> *Resposta: Deve resignar-se e sofrê-los sem murmurar, se quer progredir. Sempre, porém, lhe é dado haurir consolação na própria consciência, que lhe proporciona a esperança de melhor futuro, se fizer o que é preciso para obtê-lo.*
>
> ALLAN KARDEC[47]

---

47 Em *O livro dos espíritos*, q. 924.

8 Aflição possível e sem culpa

Entre as ervas do prado, as folhas e a ramaria dos bosques, nos ares, no seio das águas, por toda a parte desenrolam-se dramas ignorados.

Léon Denis[48]

Aflita, a nobre mulher que dedicava grande parte do próprio tempo às atividades da igreja a que se vinculava procurava conversar com um amigo:
— Você sabe que tenho me dedicado o máximo que posso ao Cristo. Sempre estou disposta a ajudar. Entretanto, nos últimos meses, foram tantas perdas familiares, que tenho me visto chorando e angustiada sem saber o motivo — começou dizendo.

---

48 Em *O problema do ser, do destino e da dor*, 3ª pt., cap. 26.

— Foi por isso que você se afastou de nossas atividades religiosas? – questionou o amigo interessado.

— Sim...

— Mas não seria justamente agora o momento que você mais necessitava estar conosco?

— É que não queria atrapalhar ninguém. Eu tenho que estar bem para continuar ajudando os que me procuram para conversar e pedir oração.

— Como assim? É verdade que você sempre está disposta a ajudar, mas ninguém é de ferro! Ademais, este seria o momento de nós, seus amigos e que tanto recebemos de você, darmos um pouco de nós.

— Mas... é que não quero que ninguém me veja desse jeito. Seria um contrassenso! Como eu, tão fervorosa, tão crente em Jesus, poderia me apresentar assim chorosa para os outros?! – confessou a religiosa.

— Compreendo – respondeu o amigo, reunindo alguns pensamentos na cabeça. – Eu, porém, acredito que todos temos o direito de chorar e de sentir angústia. Não fosse dessa maneira, Jesus não teria dito que na vida passaríamos por muitas aflições.[49] Ao fazer isso, no meu entendimento, Ele quis nos mostrar que as angústias fazem parte da própria condição humana.

— Mas e a fé?!

---

49   *João*, 16:33.

— A fé vem nos chamar para a confiança em Deus e para a superação. Mas não nos vem tornar frios ou indiferentes para com os próprios sentimentos. Ou seja, ela nos convida a não ficarmos nas lamúrias, curtindo a própria dor; contudo, não nos isenta de sentir aflições.

— Por isso é que eu procurei você. Tinha medo do julgamento dos outros.

— Talvez, minha amiga, o maior julgamento esteja em você mesma.

— Mas o que devo fazer, então?

— Acredito que, em primeiro lugar, você deve parar de se culpar por estar sentindo essa dor. A partir daí, se for o caso, procurar ajuda profissional para compartilhar as angústias. Quem sempre está acostumado a ouvir problemas alheios, muitas vezes, precisa dividir o próprio peso. Não esqueçamos que Jesus tinha linha direta com Deus. Nós, que ainda somos muito pequeninos, porém, não conseguimos ficar tão conectados com o Criador. E também por isso precisamos do apoio fraternal uns dos outros.

— É verdade... — admitiu a amiga, convencida.

— Penso, aliás, que foi também por esse motivo que Jesus fez a exortação de nos amarmos mutuamente. Igualmente, deve ter sido por isso que Ele próprio aceitou que um cireneu o ajudasse em determinado instante a carregar a cruz.⁵⁰ Para nos ensinar que devemos aceitar ajuda e aceitar que sentimos dores.

***

Um dos grandes entraves para obter saúde mental é admitir a própria aflição pela qual se passa, sem sentimento de pena de si mesmo, mas também sem culpa. Até porque semelhante atitude mental impede que a pessoa procure apoio.

É comum encontrarmos pessoas que não o fazem pelo pensamento de que fazer isso seria sinônimo de fraqueza. Admitir a própria dor e aceitar ajuda, no entanto, é sinal de muito mais força do que se imagina.

Outras tantas acreditam que sentir aflição seria sinônimo de não ter fé ou confiança em Deus. Contudo, além das passagens citadas pela história, vale a pena refletir sobre outros momentos da Boa-Nova.

Por exemplo, Marcos e Mateus anotaram que, em determinado momento da crucificação, Jesus teria perguntado em voz alta o motivo pelo qual Deus o teria abandonado. Por mais controvertidas que tais passagens sejam, será que a angústia de Jesus na cruz, muito mais do que uma aflição que

---

50 *Marcos,* 15:21; *Mateus,* 27:32; *Lucas,* 23:26.

Ele tenha sentido, não seria um símbolo de que nós, como humanos que somos, também podemos passar por aflições?[51]

Se Jesus achasse que a angústia devesse ser reprimida ou julgada negativamente, provavelmente, teria anatematizado o choro de Maria junto do calvário. Ao contrário, Ele a tentou consolar, apresentando João como o novo filho dela, ou mesmo como um filho espiritual da meiga mãe de Nazaré.[52]

Assim também Ele o fez conosco, ao dizer que poderíamos recorrer a Ele sempre quando estivéssemos aflitos e sobrecarregados.[53]

Será que uma mãe não poderia se quedar entristecida diante da perda de um filho? Será que não poderemos ter um momento de aflição ao recebermos um diagnóstico médico mais difícil?

Uma comida mal digerida gera transtornos, tanto quanto uma dor não admitida implode ou explode mais cedo ou mais tarde em nossas existências.

Portanto, não reprima o próprio sentimento. Antes, acolha-o sem ruminações negativas e sem culpa. Entretanto, ao invés de permanecer na autopiedade, prossiga caminhando.

---

51 *Mateus, 27:46; Marcos, 15:34.*
52 *João, 19:26 e 27.*
53 *Mateus, 11:28 a 30.*

A vida é difícil, bem o sei. Compõe-se de mil nadas, que são outras tantas picadas de alfinetes, mas que acabam por ferir.

UM ESPÍRITO AMIGO
ALLAN KARDEC[54]

---
54 Em *O evangelho segundo o espiritismo*, cap. 9.

9 O Natal de Jesus
e a beleza da vida

> *Escuta as harmonias da Natureza, os ruídos misteriosos das florestas, os ecos dos montes e dos vales, o hino que a torrente murmura no silêncio da noite. Escuta a grande voz do mar!*
>
> Léon Denis[55]

A simbologia do nascimento de Jesus na manjedoura nos remete ao exemplo de humildade. Aquele que teria um papel fundamental em nossa história escolheu justamente um local de extrema singeleza para vir ao mundo.

Ao lado disso, no entanto, pode-se encontrar outro simbolismo.

***

---
55 Em *O grande enigma*, 2ª pt., cap. 11.

Em 11 de dezembro de 1792, em Salzburgo, na Áustria, nasceria o terceiro filho de Ana, uma costureira muito pobre. Mas, para tal nascimento, Joseph Mohr precisaria passar por difíceis obstáculos.

Seu pai abandonou a família, e, além disso, as autoridades de Salzburgo, por entenderem que um terceiro filho seria muito, condenaram Ana a pagar uma multa. Sem dinheiro, a costureira se viu obrigada a aceitar a ajuda financeira do carrasco oficial da cidade. Este, porém, condicionou a ajuda à condição de ser padrinho do menino.

Assim, nasceu o pequeno Joseph Mohr, órfão de pai vivo e afilhado de um carrasco.

Sua infância, igualmente, não foi menos dolorosa e, na miséria, viu a tuberculose acometer sua saúde. Naquela época, essa doença levava quase todos os acometidos à morte. Não se conhecia o microrganismo causador e, por isso mesmo, não havia medicações eficazes. Na realidade, durante muito tempo, a afecção permaneceu muito temida. Porém, heroicamente, Mohr conseguiu vencer a enfermidade.

Ao lado disso, para conseguir estudar e cantar na escola da igreja, foi necessário que Ana declarasse que o menino era órfão, pois filho de mãe solteira, pelos rigores da época, não poderia ser aceito.

Aquele menino, agora também órfão de mãe viva e vencedor da tuberculose, traçou um novo destino, tornando-se posteriormente padre e sendo, depois de algum tempo, designado vigário na cidade de Oberndorf. Lá, conheceu o maestro Franz Gruber, com o qual fez amizade. Paralelamente, começou a se notabilizar pela dedicação que tinha à igreja.

O tempo corria célere, sem maiores acontecimentos, até que no dia 24 de dezembro de 1818 – segundo algumas versões –, já no entardecer, o padre Joseph Mohr percebeu que os foles do órgão de sua capela estavam roídos pelos ratos, e a missa do galo de logo mais corria o risco de não ter música.

Apressado, o padre se lembrou do amigo músico e saiu com a carroça em direção da casa dele. No caminho, começou a escrever algumas frases: "Noite feliz, noite feliz... pobrezinho nasceu em Belém... dorme em paz, ó Jesus... quão afável é teu coração, que quiseste nascer nosso irmão...".

Tocado pela beleza da poesia, Gruber escreveu uma melodia. E, horas depois, ao som do violão, da flauta e da voz, a singela música foi tocada pela primeira vez na capela de São Nicolau, para encanto de todos.

Mais tarde, tornar-se-ia o hino universal do Natal.

***

Ao lado do exemplo de humildade, a simbologia da manjedoura[56] nos remete à mensagem de que a beleza da vida pode ser encontrada em lugares inimagináveis, como uma estrebaria, e em coisas simples, como ao lado da Natureza e dos animais.[57]

Da mesma maneira, é curioso observar que justamente dentro de uma história sofrida de vida, a beleza em forma de canção encontrou morada.

Portanto, vale a pena lembrar que a beleza da vida – bem como a alegria e seus correlatos – não se encontra somente em momentos poéticos da existência – como uma formatura, um casamento, o nascimento de um filho –, mas pode ser achada e construída, igualmente, nas linhas prosaicas do dia a dia.

De modo poético, escreveu Léon Denis a respeito da mensagem que o Universo nos traz e da capacidade de a enxergarmos:

> O Universo é um poema sublime do qual começamos a soletrar o primeiro canto. Apenas discernimos algumas notas, alguns murmúrios longínquos e enfraquecidos! Já essas primeiras

---

56 *Lucas*, cap. 2.
57 Como nos ensinou um amigo espiritual a respeito da temática.

letras do maravilhoso alfabeto musical nos enchem de entusiasmo. Que será quando, tornados mais dignos de interpretar a divina linguagem, percebermos, compreendermos as grandes harmonias do Espaço, o acorde infinito na variedade infinita, o canto modulado por esses milhões de astros que, na diversidade prodigiosa de seus volumes e de seus movimentos, afinam suas vibrações por uma simpatia eterna? (DENIS, 2014, cap. 4).

Por isso, dizemos a nosso turno:
– Noite feliz aquela em que Jesus veio ao plano terrestre!
– Noite feliz aquela em que Joseph Mohr e Franz Gruber se juntaram para compor a bela canção de Natal!
Você tem conseguido vislumbrar a Noite Feliz... e a noite de beleza?

> *Uma pessoa que se ache no fundo de um vale, envolvido por densa bruma, não vê o Sol. Entretanto, pela luz difusa, percebe que está fazendo Sol. Se entra a subir a montanha, à medida que for ascendendo, o nevoeiro se irá tornando mais claro, a luz cada vez mais viva. Contudo, ainda não verá o Sol. Só depois que se haja elevado acima da*

camada brumosa e chegado a um ponto onde o ar esteja perfeitamente límpido, ela o contemplará em todo o seu esplendor.

Allan Kardec[58]

---

[58] Em *A gênese*, cap. 2, it. 33.

10 A SAMARITANA E AS NOSSAS ESCOLHAS

> *O homem ignorante dos seus destinos é semelhante ao viajante que percorre maquinalmente a sua rota, sem conhecer o ponto de partida nem o ponto de chegada, e mesmo sem saber qual o motivo da sua viagem; do que resulta, sem dúvida, o estar sempre disposto a parar diante do menor obstáculo e a perder o tempo sem cuidar do alvo que deve atingir.*
>
> LÉON DENIS[59]

Na época de Jesus, graças às conquistas realizadas pela dinastia hasmoniana e por Herodes, a Palestina tinha praticamente seus primitivos limites e estava dividida em várias regiões. As principais

---
[59] Em *O porquê da vida*, cap. 2.

eram Galileia, Samaria e Judeia. Entretanto, havia outras, margeando a parte leste do território, como Pereia e Gaulanítide (MACHADO, 2009, p. 220-223).

A Samaria estava no centro do território, como uma pequena ilhota entre a Galileia, uma região de agricultura e pesca, ao norte, e a Judeia, o centro comercial e religioso, ao sul. Naquele tempo, porém, não desfrutava mais das glórias do passado. Ao contrário, sofria grande discriminação por parte dos judeus.

Isso ainda era reflexo da dominação assíria, durante a qual, entre outras coisas, violentaram-se as mulheres da região. A partir de então, seus filhos passaram a ser vistos como mestiços e, portanto, impuros. Porque ficassem proibidos de entrar em contato com outros hebreus, mesmo de adorar Deus no templo de Jerusalém, os samaritanos, sob o comando de um sacerdote de Sião, construíram um santuário em cima do monte Garizim para rivalizar com o da Judeia. Este ficava no centro da Samaria.

Entre esse monte e o Ebal, ou Hebal, contudo, estava, numa altitude de quase 600 metros, a cidade de Sicar, ou Siquém, que significava "dorso", famosa pelo poço de Jacó, que talvez exista até hoje com o nome de Bir Iakub. Eles tinham costume de colocar em locais públicos nomes de seus antepassados.

A Samaria, como estava entre as duas principais regiões da Palestina, era local de passagem dos viajantes. Na verdade, a estrada de Jerusalém, que ligava a Judeia à Galileia, passava a mais ou menos meia hora de Siquém, no vale entre os dois montes supracitados. Era comum, entretanto, os judeus percorrerem um caminho mais longo, por um grande desvio a leste, passando pela Pereia e evitando, assim, o contato com os samaritanos.

Jesus, no entanto, não fazia tal desvio. Em algumas oportunidades, passou tranquilamente pela Samaria, travando importantes contatos com o povo local.

Naquele dia,[60] pois, voltando mais uma vez da Judeia em direção à Galileia[61] e tendo seus discípulos ido à cidade comprar alimentos, Ele decidiu ir até Sicar. Em lá chegando, dirigiu-se ao poço de Jacó.

Nisso veio uma mulher, e Jesus se dirigiu a ela, pedindo:

— Dá-me de beber.

— Como, sendo tu judeu, te diriges a mim, que sou samaritana? — questionou ela, espantada com a atitude.

— Se tu conhecesses o dom de Deus e quem é que te pede água, serias tu quem estaria me pedindo a água viva — ponderou Jesus de modo revelador.

---

60 *João*, 4:1 a 43.
61 Embora nos outros evangelistas tenhamos um único registro da ida de Jesus a Jerusalém, João relatou pelo menos três passagens de Jesus nessa cidade.

Naquele instante, a mulher ficou um tanto quanto desconcertada. "Como este homem me pede água e depois diz que tem uma água viva?", deve ter pensado.

Imaginando que Ele falava de uma água material, questionou de onde Ele teria retirado aquela água e, ao final, falou um tanto ríspida:

— Porventura te achas maior que Jacó, que nos deu este poço e a nossa subsistência?

— Quando bebes da água deste poço, voltas a ter sede. Eu, porém, trago uma água da qual não se volta a ter sede depois que se bebe. Ao contrário, ela se transforma em fonte a jorrar para a vida eterna.

A samaritana ficou confusa e encantada com aquelas palavras poéticas. De certo modo, acostumada a ter uma vida amorosa volúvel, parecia se encantar com aquele homem que a tratou de modo tão diferente. Jesus, então, percebendo-lhe as energias, decifrou-lhe a vida afetiva ao dizer que o homem que estava na casa dela não era seu marido, bem como que ela já tivera cinco outros maridos antes desse homem. Ela, então, ficou espantada, mudou as próprias disposições íntimas e pareceu se convencer de que Ele era, de fato, um profeta.

— Senhor, onde devemos adorar a Deus? Em Jerusalém ou neste monte Garizim? – perguntou ela, desejosa de mudar as próprias disposições íntimas e beber da água da vida.

– Hora vem em que nem neste monte nem em Jerusalém adorareis a Deus. Vem a hora e já chegou em que os verdadeiros adoradores adorarão a Deus em espírito e em verdade – ponderou sabiamente Jesus.

Por meio da mulher, a cidade toda foi envolvida com a Boa-Nova, e o Cristo, em Sicar, ficou por mais dois dias doando a água da vida a todos que tinham sede de mudança.

***

A samaritana estava acostumada a manter o corpo com a água do poço e a vida com os prazeres passageiros. Ao escutar Jesus, sentiu que a proposta era sedutora. Somente depois percebeu que a sede que conseguiria matar com o Cristo não era igual à que ela estava acostumada. Mantendo o corpo, este voltava a sentir necessidades. Mantendo os sentidos, estes voltavam a sentir vontade de serem preenchidos. Ele, no entanto, trazia um conceito novo direcionado à alma, portanto mais perene.

Assim também é a saga humana. Acostumada aos prazeres efêmeros, tem dificuldade em entender algo mais profundo e mais etéreo. Em geral, os seres desejam somente satisfazer as suas carências, colocadas como supostas necessidades. Jesus, porém, demonstra que, para além desses desejos periféricos correspondentes às carências, existe um desejo profundo atrelado ao sentido existencial. Os primeiros são temporariamente preenchidos com os gozos materiais. O segundo, no entanto, somente o é com o Amor, que o faz de modo permanente.

Além dessas questões dicotômicas entre satisfação carnal e sentido espiritual, é curioso perceber que, no texto evangélico, há outros apontamentos que versam sobre "dois caminhos" a seguir. Por exemplo, a forma de adoração. As maneiras de adorar com que a samaritana estava acostumada eram mais horizontais. Já a que Jesus propõe está dentro de cada um, em espírito e em verdade. Por isso tem maior verticalidade e poder de satisfazer os desejos humanos.

A samaritana, então, decidiu mudar. E, em fazendo isso, teve coragem de fazer escolhas. Sabia ela que não seria possível beber as duas águas, pois assim como toda escolha abre novos caminhos, também deixa para trás antigas estradas.

Desse modo, igualmente, pensando na sua saúde mental, que escolhas tem feito?

Como o Espírito tem sempre o livre-arbítrio, o progresso por vezes se lhe torna lento, e tenaz a sua obstinação no mal. Nesse estado pode persistir anos e séculos, vindo por fim um momento em que a sua contumácia se modifica pelo sofrimento, e, a despeito da sua jactância, reconhece o poder superior que o domina.

ALLAN KARDEC[62]

---

62 Em *O céu e o inferno*, cap. 7, *na parte* "O código penal da vida futura".

11 Onde se encontra a felicidade?

A alma é criada para a felicidade, mas, para poder apreciar essa felicidade, para conhecer-lhe o justo valor, deve conquistá-la por si própria e, para isso, precisa desenvolver as potências encerradas em seu íntimo.

Léon Denis[63]

O jovem estudante estava atarefado com suas próprias preocupações concernentes às provas que prestaria dentro de poucos dias.

Abastecendo o tanque de seu carro em um posto de gasolina, ouviu uma gargalhada gostosa e simpática. Automaticamente, atraído pelo som da alegria, virou o olhar para o local, pensando se tratar de alguém que estivesse "muito bem" na vida.

---

63   Em *Depois da morte*, 4ª pt., cap. 40.

Surpreso, contudo, observou uma cena tragicômica.

Um catador de lixo com mais ou menos a mesma idade dele sorria largamente. O rapaz, vestido somente com um calção rasgado, havia tentado parar no posto, esperando que o sinal de trânsito mais à frente fechasse e ele pudesse atravessar a rua, dando, assim, prosseguimento ao seu trabalho.

No entanto, com a rapidez dos carros, o cavalo que carregava a carroça repleta de entulhos, possibilitando menor esforço físico para o garoto, assustou-se e, dando um pinote, quase avançou em cima do tráfego intenso. Ato contínuo, o catador segurou as rédeas do animal. Contudo, pela parada brusca, um lixo caiu no chão. Tentando recuperar o trabalho do dia, o jovem instantaneamente dirigiu-se para apanhar a sacola e colocá-la novamente na carroça. Ao fazer isso, porém, precisou relaxar as rédeas, e o cavalo deu novo impulso de partida.

E a cena se repetia...

Segura a rédea do cavalo. Novo solavanco. Cai o lixo no chão. Relaxa as rédeas para pegar o lixo e pôr na carroça. Pinote do cavalo assustado com os carros. Segura a rédea. Lixo no chão. Relaxa as rédeas. Pinote do cavalo. Lixo no chão! Risos largos! Afinal, não havia o que ser feito.

Entretanto, sensibilizados, alguns transeuntes interagiram na cena cômica, se não fosse trágica, pelo simbolismo que representava, e conseguiram colocar o lixo na carroça, enquanto o rapaz segurava as rédeas do cavalo, estabilizando-se a situação.

Naquele momento, o futuro médico, profundamente tocado pela situação e até envergonhado com a própria "infelicidade" que julgara ter, decidiu ir ao encontro do catador de lixo, perguntar-lhe o nome, saber da história dele e, quem sabe, ajudar com alguma quantia monetária.

Surpreso, encontrou o rapaz sereno, que passava calma e resignação e que, por isso mesmo, conseguia sorrir com a própria desgraça, afinal, – dizia – com aquele trabalho, ao vender o lixo em determinado local, conseguia colocar comida em casa, ajudando, assim, a mãe doente e os irmãos órfãos de pai, como ele mesmo.

O estudante se sensibilizara sobremaneira com aquela cena, justamente porque uma semana antes uma colega lhe pedira para desabafar:

– Eu me sinto inútil e, por isso, triste e com um vazio... apesar de ter tudo – falara-lhe.

De fato, aquela jovem era o protótipo do que se coloca como pré-requisito para se ser feliz, pois tinha tudo: beleza, dinheiro, viagens pelo mundo todo, inteligência – além de futura médica, era poliglota –, família amorosa, relacionamento amoroso satisfatório, imensa casa à beira-mar...

Porém, confessava-lhe não se sentir útil e, consequentemente, sentir-se infeliz.

***

A felicidade é um anseio básico da Humanidade. A questão, portanto, não é perguntar quem quer ser feliz, mas onde se encontra a felicidade.

Se, porém, a resposta para a primeira indagação é quase automática, as palavras para responder à segunda tendem a vir mais vagarosamente. Isso porque não é fácil descobrir o que torna a vida feliz. Para otimizar essa busca, pois, é interessante lançar mão de algumas reflexões.

Sócrates, por exemplo, através do que conhecemos pelas palavras de Platão, ensinava que a maior de todas as felicidades é o conhecimento das essências e das verdades puras (MACHADO, 2008, 2012). Em consonância com a visão socrática e tendo em vista que o Evangelho de Jesus é um manancial de consolações e de promessas de uma alegria mais duradoura e profunda, a qual não seria deste mundo ainda, o Espiritismo[64] ensina que a felicidade absoluta é patrimônio dos Espíritos puros, que conseguiram adentrar no conhecimento das essências.

---

64 Ver, por exemplo, a mensagem "Os tormentos voluntários", assinada por Fénelon, no cap. 5, it. 23 de *O evangelho segundo o espiritismo*.

Apesar disso, o ser dispõe da possibilidade de ser feliz relativamente, de acordo com o seu grau evolutivo, devendo, inclusive, buscar ativamente esse estado. Entretanto, essa busca não se deve dar por meio de processos externos.[65]

Ao contrário, de acordo com *O livro dos espíritos*, está baseada: 1) na posse do necessário à subsistência do corpo; 2) na consciência moral tranquila; e 3) na fé no futuro (KARDEC, 2017, q. 922).

Sem o básico para a manutenção do corpo, o indivíduo padece de condições para pensar em outras coisas além da própria sobrevivência. Mas, por outro lado, os excessos de variadas ordens, inclusive financeiros, não são capazes de comprar a alegria, já que não logram preencher o interior do ser.

Garantido, desse modo, o mínimo para manter a saúde física e mental, ser feliz não é uma questão de ter ou de não ter, mas passa pela capacidade de se empregar utilmente o que se possui e de não se desesperar por aquilo que, apesar de não ser possuído, igualmente, não é imprescindível.

Com a consciência em paz, pode-se obter a tranquilidade almejada. A angústia pelos acontecimentos passados se dirime. O medo das incompreensões se esvai. E o orgulho pelas bajulações não se gera.

---

65   Ver *O livro dos espíritos*, q. 920 a 923.

De igual modo, a fé tem papel crucial na conquista do ser feliz. Utilizando-se de comparações, pode-se dizer que ela é o "pulo do gato" na receita da vida; é a tábua final que liga a ponte construída pela razão entre a ignorância e a plenitude; é o detalhe último na alegoria da existência. Com ela, a ansiedade pelo futuro incerto se apequena.

Para a Doutrina Espírita, portanto, a felicidade é uma finalidade, mas de igual maneira é um meio pelo qual se deve buscar viver sem lançar mão da necessidade das posses, sem se deixar ficar na angústia pelo passado, sem se deixar avolumar na ansiedade com relação ao futuro, mas, ao contrário, procurando fazer essa construção no maravilhoso momento do hoje e do possível.

Essas noções desafiam o senso comum de que se sentir feliz seria diretamente proporcional ao aspecto financeiro.

Nos últimos anos, contudo, sobretudo através de estudos norte-americanos e europeus, a psicologia e a psiquiatria vêm estudando a temática da felicidade sob diversos aspectos.

Desse modo, a literatura científica demonstrou que tanto para nações quanto para indivíduos, quando se ultrapassa um nível básico de subsistência – aí incluindo saneamento básico, comida e água –, o aumento do poder aquisitivo não se correlaciona com um incremento estatisticamente significativo nos níveis de felicidade.

Isso, provavelmente, explica duas situações:

> a) Nações ricas, isto é, que proporcionam o necessário para a maior parte de sua população, têm índices de felicidade maiores do que países pobres, nos quais boa parte das pessoas vive em condições abaixo da linha de pobreza;

> b) Porém, quando se comparam países ricos, como Austrália e Japão, com países da América Latina, nos quais a maior parte da população tem as condições básicas necessárias de vida, embora não possuam riqueza, e boa porcentagem esteja na pobreza, mas não na miséria, tal diferença não se observa (FERRAZ, 2007, p. 234-242).

De fato, então, de posse do necessário, não será a riqueza a chave para o sentimento de felicidade.

Pode-se, sem dúvida alguma, tirar grandes proveitos de engrandecimento pessoal com o poder, com os cargos e com o dinheiro; contudo, não serão estes, em si, os geradores da felicidade, mas como o indivíduo se vale deles, como são utilizados e manejados por quem os possui.

Dessa forma, vale a pena lembrar Jesus:[66]
– Meu reino não é deste mundo! – disse Ele.

A felicidade não é deste mundo! – interpretou o Espiritismo, porque o Reino de Jesus é o símbolo da ventura. E pelas próprias características do Evangelho, o codificador percebeu que não eram os elementos puramente terrenos que trariam ao ser a felicidade almejada (KARDEC, 2017, cap. 5, it. 19).

E você? Quer ter bem-estar mental e ser feliz? Onde, então, está buscando a sua felicidade?

A felicidade está na razão direta do progresso realizado [...].

ALLAN KARDEC[67]

---

66   *João*, 18:36.
67   Em *O céu e o inferno*, 1ª pt., cap. 3, it. 6.

12 Laborterapia

Colaborar com Deus! Levar a efeito em tudo e por toda parte o Bem, a Justiça! Que poderá haver de maior, de mais digno para o teu Espírito imortal?!

Léon Denis[68]

A jovem aos poucos ia se sentindo cansada e com profundo desânimo. Cantar, que era a sua maior alegria, paulatinamente não lhe dava tanto prazer como antes. Tudo parecia ser feito de forma maquinal. No fundo, sentia-se sem utilidade. Assim, extremamente triste.

Espírita, imaginou a princípio que se tratasse de algum processo obsessivo com caraterísticas de vampirização que lhe sugasse a energia. Aos poucos, no entanto, o próprio grupo equilibrado que frequentava percebeu que no caso dela a obsessão

---

[68] Em *O porquê da vida*, cap. 7.

era consequência do intenso abatimento que a dominava. Foi-lhe indicada uma consulta médica psiquiátrica.

Ela não sabia, ainda, mas estava com depressão. Disciplinada, seguiu todas as orientações médicas. Procurou igualmente apoio psicoterápico, não abandonando também o auxílio energético e evangélico do núcleo espírita a que se vinculava. Assim, aos poucos, os sintomas foram cedendo e ela foi melhorando do transtorno. Apesar disso, ainda lhe faltava algo. No íntimo, percebia que, embora não estivesse se sentindo como antes, uma vez que a sintomatologia estava controlada, ainda não havia logrado atingir o patamar de bem-estar que almejava.

Paralelamente, surgiu-lhe uma abençoada oportunidade de trabalhar. A princípio, ela teve medo. Não estava acostumada e não sabia se gostava do serviço proposto. Mesmo assim, decidiu aceitar. E começou.

Graciosamente, ela foi se encontrando. Na realidade, ela não sabia se era o serviço em si que a motivava, ou o próprio fato de estar trabalhando. Como seja, a partir daquele labor, adentrou em um curso de nível superior na área, dedicou-se e se especializou no assunto.

— Parece que eu nasci para fazer isso! – dizia entusiasmada.

Recebeu alta da psiquiatria e da psicoterapia e não teve mais recaída da depressão. No caso dela, o trabalho foi a terapêutica de excelência. Desde então, ela se sentiu útil.

***

O jovem casal se preparava para receber a primeira filha. Assim, tudo era feito com grande esmero, desde o papel de parede do quarto até as pequenas roupinhas da maternidade.

Depois de algum tempo, somente os móveis do pequeno quarto que a bebezinha ia habitar precisavam ser montados.

— Isso é tranquilo. Basta você ligar para um montador que ele faz isso em um dia — diziam todos para o futuro pai.

No íntimo, porém, o jovem desejava montar ele mesmo. Ele não sabia ainda, mas o que ele queria sentir era o prazer de ter feito tudo com as próprias mãos para receber a criancinha.

E porque fosse feriado de carnaval, decidiu pôr a mão na massa. E o fez, juntamente com o sogro, que em sua casa estava hospedado por aqueles dias.

Ao final, tudo montado: berço, cadeira de amamentar, guarda-roupa, roupeiro e nichos na parede. E, no íntimo do rapaz, um sentimento de bem-estar e de prazer impagáveis.

***

Não foi sem razão que Jesus nos ensinou o divino valor do trabalho.

Quando lhe questionaram, reclamando o motivo pelo qual Ele trabalhava nos sábados, Ele explicou que Deus nunca para de se movimentar e de operar no Universo, por isso mesmo o Filho de Deus trabalharia todos os dias,[69] e, fazendo isso, adotaria a postura de servir à Humanidade, muito mais do que ser servido.[70]

Isso porque o trabalho estabelece em nós um ritmo, e esse ritmo faz com que nossa vida se enquadre no compasso do mundo.

A água que fica parada cria lodo. Assim também é o nosso psiquismo. A estagnação cria em nós ruminações mentais desnecessárias e um sentimento de inutilidade.

Nesse sentido, os benfeitores explicaram que Espíritos que por preguiça recuam diante de uma vida de labor sentirão mais tarde os malefícios do tempo perdido. Assim, muitas vezes, pedirão a oportunidade de recuperar as horas inúteis de seu passado (KARDEC, 2017, q. 574a).

---

69   *João,* 5:9 a 18.
70   *Mateus,* 20:25 a 28.

Obviamente, não se fala aqui de uma escravização no labor, pois o repouso é direito divino[71] e, por meio dele, grandes inspirações se obtêm. É preciso equilíbrio no binômio trabalho-descanso.

Da mesma forma, não nos restringimos ao emprego remunerado pelas profissões. Antes, ampliamos o trabalho como um todo, pois "toda ocupação útil é trabalho" (KARDEC, 2017, q. 675).

Mas o que se pretende evidenciar são os benefícios do labor em nossa saúde mental. Com ele nos sentimos mais úteis e partícipes do Universo.

É nesse sentido que Humberto de Campos narra curioso conto sobre uma família protegida espiritualmente por Antônio de Pádua. Acostumada a rogar sempre ao referido santo, o grupo familiar recebeu, certo dia, a visita espiritual do nobre benfeitor. Na ocasião, o amigo celeste pediu esclarecimentos sobre os serviços que cada membro fazia. Curiosamente, porém, foi informado de que o pessoal girava em torno de Bolinha, uma vaquinha que era obrigada a fornecer quase oito litros de leite por dia e um bezerro anualmente, só tendo a oportunidade de sair do quintal cinco dias por ano. Ao saber disso, Antônio ficou pensativo e, ao ensejo de novo pedido de ajuda da família, fez a vaquinha voltar ao mundo espiritual, explicando que "muitas

---

71 Ver *O livro dos espíritos*, 3ª pt., cap. 3.

vezes, para bem amparar, é imprescindível retirar as escoras". O experiente cronista concluiu o texto, dizendo que, "do dia seguinte em diante, as orações estavam modificadas. Os camponeses fizeram solicitação geral de serviço e, com o trabalho digno e construtivo de cada um, a prosperidade legítima lhes renovou o lar [...]" (IRMÃO X/CHICO XAVIER, 2017, cap. 26).

Dessa maneira, fica a ponderação: como está a laborterapia em sua vida?

> Pergunta: *A necessidade do trabalho é Lei da Natureza?*
>
> Resposta: *O trabalho é Lei da Natureza, por isso mesmo que constitui uma necessidade, e a civilização obriga o homem a trabalhar mais, porque lhe aumenta as necessidades e os gozos.*
>
> ALLAN KARDEC[72]

---

[72] Em *O livro dos espíritos*, q. 674.

13 Diminuindo o nosso narcisismo

Assim como o verme estraga um belo fruto, assim o orgulho corrompe as obras mais meritórias.

Léon Denis[73]

Certa feita, um palestrante espírita havia sido convidado a dar entrevista em determinado programa, quando o levaram, muito entusiasmados, a conhecer alguém.

Desejavam apresentar-lhe *nova ferramenta da espiritualidade* que o grupo espírita deles estava desenvolvendo nos mecanismos de assistência aos Espíritos sofredores e obsessores.

– Estamos, no momento – diziam-lhe mais ou menos nesses termos –, indo um passo à frente

---

[73] Em *Depois da morte*, 5ª pt., cap. 45.

na nossa abordagem. Agora, mediunicamente, realizamos cirurgias no perispírito dos seres. Temos conseguido modificar o DNA e os genes espirituais. Com isso, mudamos a destinação, bem como a arquitetura das obsessões.

Enquanto os companheiros versavam empolgados, só restava ao trabalhador *balançar a cabeça como um calango*, pensando: "Meu Deus, abençoe! Agora estão mudando o destino das pessoas dentro do Movimento Espírita!".

E porque insistissem para que ele participasse pessoalmente de uma das reuniões e verificasse a veracidade das narrações feitas, só lhe coube responder, reticente:

– Vamos ver a nossa possibilidade... – enquanto, intimamente, pensava: "Como argumentar diante de um delírio coletivo?".

Mesmo sem desejar, entretanto, em outras oportunidades, em outras instituições espíritas a que era convidado a falar, teve ele chance de ver – porque eram feitos em público, depois das palestras – tratamentos de cirurgias espirituais que, embora não fossem exatamente como a descrita acima, guardavam uma desajeitada semelhança.

Em muitas oportunidades, nada mais eram que preces, com passes coletivos habituais. Entretanto, o desejo de atrair pessoas e de se fazerem poderosos levava os companheiros espíritas a mudar os nomes, colocando algo mais atraente, do tipo: *momento de cura, prece de cirurgia espiritual.*

***

Dois amigos e palestrantes espíritas conversavam ao telefone altas horas da noite. O mais novo falava dos medos e das incertezas, enquanto o mais experiente pacientemente escutava e aqui e acolá aconselhava.

A certa altura, porque o assunto ia versando sobre como se precaver das tramas do orgulho, o amigo mais velho falou:

— Nesse trabalho do Bem a que nos entregamos, somos semelhantes a um carteiro que, peregrinando, vai distribuindo as cartas de Jesus às pessoas. Nós não somos a mensagem. Somos apenas o instrumento. Por isso, qualquer entusiasmo com relação a nossa chegada e qualquer resultado positivo não devemos atribuir a nós outros, mas ao Mestre.

Encantado com a proposta, o mais jovem jocosamente completou:

— Mas nesse serviço de correio, nós não temos compromisso com a confidencialidade, não né? Porque temos que ler o conteúdo das cartas e ver se fica um pouco em nós, não é mesmo?

O mais experiente concordou e, ambos sorriram fraternalmente.

***

Jesus não se cansou de combater o orgulho. A humildade, por isso mesmo, foi posta como a primeira bem-aventurança.[74] A verdade, porém, é que esse orgulho em nós pode ser evidente, mas muitas vezes é sutil.

Curiosamente, quanto mais evidente ele se apresenta, culminando nas vias da arrogância, maior parece ser a cota de insegurança que o ser carrega dentro de si. Essa movimentação imita o pêndulo, que vai de um polo ao outro, nesse caso, como uma reação de esconderijo.

Talvez seja, nas sutilezas de sua apresentação, um dos entraves mais perigosos para o nosso bem-estar mental. Até porque, nessas ocasiões, o orgulho mórbido passa despercebido.

Ao escolhermos o citado exemplo do palestrante espírita, ambicionamos justamente tocar nesse ponto, pois é preciso diminuir o nosso narcisismo curador. Do contrário, entraremos em um caminho doloroso de aprendizado expiatório futuro.

Não nos esqueçamos de que o Cristo, o nosso modelo maior, prometia alívio para todos que

---

[74] *Mateus,* 5:3.

estivessem aflitos e sobrecarregados.[75] Mas recordemos que os resultados positivos de cura eram atribuídos por Ele à fé da própria pessoa.[76]

Nessa perspectiva, vale relembrar Léon Denis:

> O orgulho não nos desvia somente do amor de nossos semelhantes, pois também nos estorva todo aperfeiçoamento, engodando-nos, por meio da superestima, a respeito de nosso valor ou cegando-nos sobre os nossos defeitos. [...] O orgulho encobre-nos toda a verdade. Para estudar frutuosamente o Universo e suas leis, é necessário, antes de tudo, a simplicidade, a sinceridade, a inteireza do coração e do Espírito, virtudes estas desconhecidas ao orgulhoso (DENIS, 2016, cap. 45).

Desse modo, ficam as questões: se Ele dizia isso, quem somos nós, frágeis trabalhadores de sua vinha, para dizer ou ambicionar outra coisa? Além do mais, por que não lembrar aquele jumentinho que carregou Jesus na chegada triunfante a Jerusalém?[77] E perceber, com isso, que não somente tarefas garbosas nos tornam úteis e saudáveis, mas também a simplicidade.

---

75 *Mateus,* 11:28 a 30.
76 *Lucas,* 8:48.
77 *Lucas,* 19:28 a 36.

> *O verdadeiro homem de bem [...] não procura dar valor ao seu espírito, nem aos seus talentos, a expensas de outrem; aproveita, ao revés, todas as ocasiões para fazer ressaltar o que seja proveitoso aos outros.*
>
> **ALLAN KARDEC**[78]

---

78   Em *O evangelho segundo o espiritismo*, cap. 17, it. 3.

14 Deixando a vitimização de lado

O homem constrói o seu próprio futuro.

Léon Denis[79]

Música preferida dela:

> Eu sou rebelde porque o mundo quis assim,
> Porque nunca me trataram com amor
> E as pessoas se fecharam para mim
> Eu sou rebelde porque sempre sem razão
> Me negaram tudo aquilo que eu sonhei
> E me deram tão somente incompreensão [...].[80]

---

79 Em *O problema do ser, do destino e da dor*, 2ª pt., cap. 13.
80 Música da cantora Lílian, que fez sucesso no período entre o final da década de 1970 e início de 1980.

Depois de receber todo o zelo dos pais – talvez zelo demais, diga-se de passagem –, ela ainda reclamava:

— Mas papai sempre preferiu a caçula,[81] e eu sempre era o patinho feio da família.

Mesmo o marido tendo grande paciência com as constantes variações de humor a que se entregava, ela não conseguia observar os valores do esposo e, após vários anos de casamento, queixava-se:

— Eu perdi doze anos da minha vida com você. Todo o meu sofrimento é culpa sua!

No trabalho, quando recebia alguma advertência do chefe, não importando a forma equilibrada que fosse ou o fato de ela realmente estar errada, sempre ponderava para os outros colegas:

— Ele me persegue. E eu não entendo o motivo.

Muitas vezes, quando cruzava com algum conhecido e este não falava, mesmo que por distração, adiante, ela era só queixume:

— Fulano deve ter ficado rico, não fala mais comigo. Duvido que se eu fosse igual à sicrana ele faria isso.

E de queixa em queixa ela ia vivendo...

***

Um dos maiores obstáculos para o bem-estar pessoal e o crescimento espiritual é a postura de

---

81   Filha mais nova.

vitimização. É bem verdade que há situações extremas em que ela predomina, como em muitos transtornos de personalidade. Outrossim, é comum vê-la fazer morada em momentos de doenças graves em que a pessoa acaba ficando muito fragilizada e cercada de cuidados. No entanto, vemo-la igualmente desfilando nas passarelas dos acontecimentos diários de pessoas aparentemente saudáveis psiquicamente.

Isso acontece porque a vitimização é uma característica da imaturidade psicológica e espiritual em que grande parte dos seres ainda se encontra. É o lado histérico do ser. Até certo ponto, todos, mesmo na atual existência, passamos por ela.

Na infância, por exemplo, além de um egocentrismo próprio da criança, tínhamos dificuldade em assumir nossas responsabilidades e, em muitas oportunidades, jogávamos a culpa nos outros, notadamente em nossos pais, ou nos utilizávamos da mentira. Com o tempo, no entanto, é desejável e esperado que se amadureça e a abandone.

Dificultando esse amadurecimento, é verdade, existe toda uma tendência cultural, que é bem mais comum em países latinos, como o Brasil, de, ao adotar condutas paternalistas, acabar vitimizando o ser. Colocamos o outro como coitadinho, até como forma de vê-lo com um olhar mais terno e assim deixar as fibras do nosso coração serem tocadas para ajudá-lo.

Apesar disso, a Doutrina Espírita não se cansa de combater tal postura, indicando-nos a posição de responsabilidade que temos para com os acontecimentos da vida, sobretudo quando enfatiza a multiplicidade e o entrelaçamento das existências. Isso porque "o destino do ser não é mais do que o desenvolvimento, através das idades, da longa série de causas e efeitos gerados por seus atos" (DENIS, 2014, 2ª parte, cap. 13).

Explica, igualmente, que:

> [...] os Espíritos não vêm isentar o homem da Lei de Trabalho: vêm unicamente mostrar-lhe a meta que lhe cumpre atingir e o caminho que a ela conduz, dizendo-lhe: anda e chegarás. Toparás com pedras; olha e afasta-as tu mesmo. Nós te daremos a força necessária, se a quiseres empregar (KARDEC, 2017, cap. 25, it. 4).

Do mesmo modo, Jesus não fez por nós o trabalho que nos compete realizar. Nem nos colocou na posição de vítimas. Manso e paternal, porém profundamente sábio, indicou que aqueles que desejassem segui-lo deveriam pegar a parcela de dificuldades que a cada um competia e prosseguir.

Simbolizou isso no compromisso de cada um carregar a sua cruz.[82] Outrossim, obtemperou que cada um deveria dar conta da própria administração.[83]

Sendo assim, é preciso uma postura de equilíbrio. Nem pegar em demasia o que não é nosso, numa atitude de culpa, como uma palmatória do mundo, porque isso acaba por deseducar aqueles que parasitam às nossas custas e nos paralisa no sofrimento; nem colocar nos ombros dos outros o que nos compete, numa postura infantil, porque isso termina por adoecer os que estão ao nosso redor e nos paralisa na imaturidade.

Dessa maneira, fica a proposta: vamos deixar de lado a vitimização?!

> *A responsabilidade das faltas é toda pessoal, ninguém sofre por erros alheios, salvo se a eles deu origem, quer provocando-os pelo exemplo, quer não os impedindo quando poderia fazê-lo.*
>
> ALLAN KARDEC[84]

---

82 *Mateus,* 16:24.
83 *Lucas,* 16:2.
84 Em *O céu e o inferno,* 1ª pt., cap. 7, it. "Código penal da vida futura".

15 Fazer um pouco mais

Lembremo-nos de que a responsabilidade é proporcional ao saber e que muito será pedido àquele que já possui o conhecimento da verdade.

Léon Denis[85]

Aquele poderia ser mais um dia de aula na faculdade de medicina, não fosse o aprendizado que dele o estudante tirou.

A tarde se iniciava calorosa, quando, juntamente com outros colegas, ele adentrou no ambulatório do hospital. Os futuros médicos iam acompanhar consultas na psiquiatria.

A preceptora era conhecida de todos, pois além de já ter ministrado aulas teóricas para a turma,

---
85 Em *Depois da morte*, 5ª pt., cap. 47.

liderava importantes pesquisas na área de saúde mental, naquela academia.

Os minutos, entretanto, não se fizeram muito céleres, e rapidamente o jovem percebeu que aquela tarde seria diferente.

— Como estás? Tens te sentido mais disposta? — perguntou a médica, interessada pela paciente.

— Ah, doutora! Depois que comecei o tratamento com a senhora, sinto-me melhor. Porém, percebo que a melhora inicial foi maior e que nos últimos tempos não consigo progredir tanto.

— Tens ido à psicóloga?

— Não. Onde eu moro, só há esse tipo de atendimento uma vez ao mês, e quando há! E a cidade mais próxima fica distante. Para conseguir um transporte, é uma dificuldade!

— E as atividades? Estás trabalhando?

— Também não. É muito difícil conseguir algum trabalho por lá.

— Tens conseguido, no entanto, realizar algum lazer?

— Doutora, para ser sincera, em minha cidade, não há o que fazer! Mesmo assim, tenho conseguido sair de casa e andar até a pracinha, conversando com algumas amigas.

— E os estudos?

— Graças a Deus consegui acabá-los. Inclusive, vim prestar vestibular aqui nesta universidade. E a senhora sabe que eu passei!

— Que maravilha! Qual curso?

— Pedagogia.

— E quando começaram as aulas?

— Na verdade, eu só passei, mas não fiz minha matrícula.

— Como foi isso?!

— Não tinha dinheiro... além do mais, como eu ia conseguir me sustentar?!

— Por que não me procuraste? Por que não vieste aqui? Isso era o de menor importância! O mais difícil era passar e você conseguiu, apesar do seu estado de saúde. Você deveria ter vindo. Nós procuraríamos uma solução, encontraríamos uma forma juntas... E não há algo que possamos fazer ainda?!

Tratava-se de uma jovem residente em cidade do interior, passando pelos tristes vales da depressão. O tratamento psiquiátrico lhe havia trazido muito benefício, mormente porque aos psicofármacos foram adicionadas gotas medicinais de atenção pela professora. Entretanto, para ir profundamente às raízes do problema, era preciso mais.

Daí o interesse da médica por outros aspectos que iam bastante além dos sintomas e das posologias. Por isso, em seu semblante havia o sentir real, a empatia verdadeira, a profunda preocupação com a vida daquela moça, enquanto, no olhar desta, a emoção de se sentir acolhida.

O curso, é bem verdade, não tinha mais como ser feito. A vaga já tinha sido ocupada por outra candidata. Outro alguém festejava a esperança, enquanto a paciente não sabia dimensionar ao certo a importância que teria tido aquela atividade em sua vida e, consequentemente, em sua saúde.

Sem que a preceptora se desse conta, porém, aquele seu movimento de interesse havia mobilizado a vida daquela jovem. E, energia acionada, certamente no futuro outros caminhos se abririam no horizonte daquela mulher. A partir dali, ela deixaria de ser uma paciente de sua doença, transformando-se paulatinamente em agente de seu bem-estar mental.

Aquela cena simples deixou forte impressão no futuro médico. Com a convivência, no entanto, outras se somaram.

No consultório da nobre psiquiatra, um armário guardava remédios que eram doados àqueles que mais necessitavam. Ela guardava várias amostras grátis – e quiçá comprava tantos outros – e as distribuía como verdadeiras sementes de esperança.

Em algumas ocasiões, discretamente, saía de suas mãos o dinheiro da passagem para que os pacientes não deixassem de cuidar da saúde por falta de condução.

Oportunidades outras, o número de consultas era aumentado por necessidade de mais alguém ser atendido.

Em determinado momento, um paciente padecia grave moléstia psiquiátrica. O tratamento fê-lo melhorar sobremaneira. Contudo, porque faltasse um algo mais, estando ele desempregado, a preceptora arrumou alguns contatos e lhe conseguiu um trabalho, já que o labor dignifica o ser, melhorando, inclusive, as perspectivas de saúde, especialmente no caso em questão.

— Essa não é a função dela! O sistema único de saúde brasileiro ou o governo é que tem essa obrigação! — dirão alguns.

Por certo que sim.

— Ela não precisava fazer tudo isso! Ela já ajuda, contribuindo com a parcela de impostos que lhe compete pagar ao Estado! — argumentarão tantos outros.

Sem dúvida.

Ela, porém, conseguiu ver além, aprendeu a fazer um pouco mais, conquistou a capacidade de se projetar no local do outro, se deu conta de que não se pode esperar somente.

Para muitos, ela é conhecida apenas por seus artigos científicos.

Para as pessoas que atende, entretanto, ela jamais vai ser esquecida por seus gestos nobres de Humanidade.

***

Infelizmente, ainda campeia no hábito mental das criaturas a postura de tirar proveito o máximo possível de tudo. Dessa maneira, é difícil encontrarmos alguém que faça algo além da própria obrigação.

Esta, no entanto, não parece ser uma atitude encorajada por Jesus.[86] No Sermão do Monte o encontramos, logo depois de falar sobre a postura de honestidade e de firmeza, condenando a retribuição do mal com o mal e dizendo que, se alguém quisesse tirar a nossa túnica, ao invés de termos uma conduta negativa, deveríamos dar também a capa. Outrossim, se alguém nos obrigasse a andar uma milha, seria proveitoso para nós se andássemos mais, indo com ele duas milhas.

Ou seja, a túnica e a milha que querem de nós representam aquilo que é esperado que façamos: a nossa obrigação, o nosso dever. Para crescermos além, é preciso fazer um pouco mais.

Foi por isso que Allan Kardec (2017a, cap. 17, it. 3), elencando as características do homem de bem, protótipo de conduta a ser seguida, escreveu

---

86 *Mateus*, 5:33 a 41; *Lucas*, 6:29.

que "seu primeiro impulso" seria "pensar nos outros, antes de pensar em si", "cuidar dos interesses dos outros antes do seu próprio interesse".

Isso fica bem evidente em um ambiente de trabalho, na relação patronal. Quando o funcionário faz algo além do esperado pela sua função, em geral, recebe boa avaliação do chefe.

Na empresa de nossas existências, essa equação igualmente funciona, pois cria ao nosso redor um magnetismo positivo e, no nosso psiquismo, uma satisfação incomparável que não pode ser comprada pelas moedas terrenas.

Desse modo, fica a reflexão: ao invés de querer receber do mundo, você tem conseguido observar que é necessário dar um pouco mais de si para a vida?

> *[...] o óbolo do pobre, do que dá privando-se do necessário, pesa mais na balança de Deus do que o ouro do rico que dá sem se privar de coisa alguma.*
>
> ALLAN KARDEC[87]

---

87   Em *O evangelho segundo o espiritismo*, cap. 13, it. 6.

16 A CRIANÇA QUE HÁ EM NÓS

[...] devemos considerar tudo o que há de grande e belo no ser humano [...].

LÉON DENIS[88]

Dois adolescentes conversavam. A amizade se iniciava muito bela. Todos os dias, o casal de amigos conversava largas horas ao telefone. Desejavam se conhecer um pouco mais.

Certo dia, assim, a menina, mais entristecida e amargurada, confessava ao garoto:

– Eu já me decepcionei tanto nas amizades, que hoje em dia não confio em mais ninguém. Já fico com os dois pés atrás!

---

88 Em *Depois da morte*, 5ª pt., cap. 49.

— Mas quantos anos tu tens mesmo? – questionou o jovem.

— Quinze! Ora, você não sabe? A essa altura do campeonato! – respondeu a menina insatisfeita.

— Calma, calma! Eu sei a tua idade biológica. Mas é que, ao falares, parecias uma anciã! Talvez tu não precisasses colocar tanta expectativa nos outros. Mas também não acho que já devas desconfiar de todo mundo antecipadamente.

— Como assim? – quis saber mais a garota.

— Se continuares desse jeito... sei não. Porque se tu só tens quinze anos e já estás assim... fico imaginando quando tiveres trinta e cinco!

***

À medida que os dias vão passando, é comum que as decepções ocorram – conosco, com os outros, com a vida... É comum também que a distância entre o anteriormente sonhado e o atualmente realizado ganhe escala colossal.

Tudo isso, às vezes, vai nos deixando amargos. E, ao mesmo tempo, o brilho em nosso olhar vai se apagando.

É imperioso, porém, ouvir as palavras de Jesus ao pedir que deixassem ir até Ele as criancinhas, dizendo, inclusive, que, para adentrarmos no Reino dos Céus, precisaríamos recebê-lo como uma criança o recebe.[89]

Allan Kardec (2017a, cap. 8) trabalhou muito bem a questão, dizendo que a fala não deve ser entendida no sentido literal, porquanto a ingenuidade e a pureza da criança podem muito bem ser apenas aparentes, reflexo do esquecimento do passado, já que no corpo infantil há um Espírito mais ou menos antigo.

De toda forma, há elementos infantis que devem ser lembrados por todos nós na obtenção da saúde mental.

Não devemos ser imaturos como uma criança, mas alimentar uma ingenuidade positiva de não ficar vendo somente os defeitos ou os problemas.

Não devemos viver com um pensamento mágico infantil, porém é útil não perdermos a capacidade de sonhar.

Não devemos crer que todos já são bons, entretanto é proveitoso vivermos em maior fraternidade uns com os outros.

Não devemos ter a impulsividade de um infante, contudo é interessante guardarmos um pouco desse destemor para encararmos os empreendimentos da Vida.

Por outro lado, há elementos infantis que devem ser combatidos.

---

[89] *Marcos*, 10:13 a 16.

Não devemos alimentar em nós o egocentrismo da criança. Ao contrário, precisamos ver a vida como um organismo social.

Não devemos permanecer na insegurança. Ao contrário, ganhar a confiança em nós mesmos.

Como seja, fica a pergunta: como está a criança que existe em você?

> *A pureza do coração é inseparável da simplicidade e da humildade. Exclui toda ideia de egoísmo e de orgulho. Por isso é que Jesus toma a infância como emblema dessa pureza, do mesmo modo que a tomou como o da humildade.*
>
> **ALLAN KARDEC**[90]

---

90 Em *O evangelho segundo o espiritismo*, cap. 8, it. 3.

17 Abandonando as amarras parentais

Na escola, como na família, há muita negligência em esclarecê-la (a criança) sobre os seus deveres e sobre o seu destino. Portanto, desprovida de princípios elevados, ignorando o alvo da existência, ela, no dia em que entra na vida pública, entrega-se a todas as ciladas, a todos os arrebatamentos da paixão, num meio sensual e corrompido (grifo nosso).

Léon Denis[91]

E o casamento dos recém-cônjuges ia de *briga* em popa! Não conseguiam ficar sem brigar três dias.

Quando ela queria comer uma lasanha, ele desejava uma pizza igual à que a mãe fazia nos anos

---
91   Em *Depois da morte*, 5ª pt., cap. 54.

da juventude. No momento em que algo quebrava em casa e o marido não conseguia ajeitar, ela logo lembrava das habilidades do pai. E de comparação em comparação, o casamento, embora curto, ia se desgastando.

Quando ela estava mais nervosa, ele não conseguia se calar. Mas nas vezes em que ele estava irritado, ela também não conseguia tirar por menos. E de irritabilidade em irritabilidade, o matrimônio, embora inicial, já ia se tornando um campo minado.

Para piorar o quadro, os pais de ambos não tinham habilidade para lidar adequadamente com a situação. Ora se metiam demasiadamente, ora exigiam demais.

As coisas não poderiam continuar assim, sob pena de uma separação vir a ser a solução mais viável. E eles não desejavam isso. Sabiamente, portanto, procuraram um terapeuta de casal.

— Mariana[92] — ponderou o terapeuta em determinada sessão —, até quando você vai continuar repetindo os mesmos erros de sua mãe? Além disso, é preciso perceber que Henrique não é seu pai.

— Henrique — se dirigia ao marido em outra oportunidade —, até que momento você vai persistir em viver prioritariamente os problemas da

---

[92] Nome fictício.

sua família de base e quando vai perceber que está construindo uma nova família?

O jovem casal não se dava conta, mas estava repetindo os mesmos padrões parentais. Cada qual era oriundo de uma família em que a briga predominava no ambiente doméstico. Além disso, continuavam querendo a aprovação dos pais em quase tudo, o que gerava uma intromissão parental no lar em níveis inadequados.

Não fosse a terapia para evidenciar esses e outros nós, bem como para trabalhar uma nova forma de diálogo entre eles, o matrimônio certamente estaria fadado a acabar cedo demais.

***

Algumas falas de Jesus causam estranheza. Mas, do ponto de vista psicológico e relacional, fazem todo sentido.

Uma delas diz ser virtuoso abandonar pai, mãe e filhos para receber desde já as recompensas do Reino dos Céus.[93]

Allan Kardec já a analisou muito bem do ponto de vista espiritual em *O evangelho segundo o espiritismo*.[94] Interessa-nos aqui vislumbrar os conteúdos psicológicos do enunciado.

---

93 *Mateus*, 19:29; *Lucas*, 9:61 e 62; 18:28 a 30.
94 Ver o cap. 23, it. 1 a 6, do referido livro.

Muitos pais causam profundos traumas em seus filhos. Outros, infantis espiritualmente, têm padrões de comportamento que não devem ser copiados. Até porque os filhos podem ser Espíritos mais maduros do que os próprios genitores (KARDEC, 2017, q. 379).

Ora, se adentrar no Reino dos Céus representa amadurecer e estar em paz, não será possível fazer isso permanecendo vinculado aos erros parentais, quer seja ruminando um rancor, quer seja repetindo um padrão desajeitado de comportamento.

Além disso, mesmo quando os pais são equilibrados, não é necessário permanecer pensando da mesma forma que eles pensam. Em algumas ocasiões, por exemplo, eles seguem religiões que, com o passar do tempo, não satisfazem mais às nossas tendências espirituais. Se não as abandonarmos nesse ponto, estaremos violentando uma parte de nós e gerando angústia.

Do mesmo modo, para crescer, é preciso abandonar as amarras da insegurança e começar a andar com os próprios pés. É o que popularmente se chama "cortar o cordão umbilical". Até porque, com o passar dos anos, as funções vão se invertendo e, em muitas oportunidades, os filhos acabam tendo que cuidar de seus pais.

Segundo Jesus, quando se consegue abandonar essas amarras parentais, recebem-se imediatamente as recompensas, porque o amadurecimento já veio. Como estão, portanto, as suas amarras?

Os interesses da vida futura prevalecem sobre todos os interesses e todas as considerações humanas.

ALLAN KARDEC[95]

---

95 Em *O evangelho segundo o espiritismo*, cap. 23, it. 6.

18 Filhos e pais: rompendo os nós

Honrai a vosso pai e a vossa mãe, a fim de viverdes longo tempo na terra que o Senhor vosso Deus vos dará.

Decálogo[96]

Feche os olhos, não sinta medo. Os monstros se foram, estão lá fora, e seu pai está aqui, menino bonito.

Belo menino, antes de ir dormir, faça uma pequena prece. Todos os dias e todos os caminhos vão ficando melhores, menino bonito.

Pelo oceano navegando, mal posso esperar para ver você crescer, mas acho que precisamos ser pacientes, porque ainda temos um longo caminho à

---

[96] *Êxodo*, 20:12.

frente, muito o que remar. O caminho é longo, mas por enquanto...

Para atravessar a rua, segure a minha mão. A vida é assim, acontece enquanto você faz planos, menino bonito.

Belo menino, antes de ir dormir, faça uma pequena prece. Todos os dias e todos os caminhos vão ficando melhores, menino bonito.

Menino bonito, querido Sean...[97]

***

Essas palavras sensíveis expressam certamente o que muitos de nós gostaríamos de ter escutado de nossos pais, ou de ter falado para nossos filhos.

Curioso é notar que elas saíram justamente de um coração cicatrizado pela ausência paterna. E pior, massacrado pela presença inesperada do genitor reivindicando direitos de amor e gratidão filial, justamente quando o pequenino, então crescido, ganhava fama internacional naquela que seria a maior banda de todos os tempos – *The Beatles*.

John Lennon é daquelas figuras lendárias e polêmicas no cenário musical. Sem adentrarmos, porém, no mérito de seus posicionamentos, percebemos nele uma alma sensível que encontrou na

---

[97] Letra adaptada e traduzida da canção *Beautiful boy (Darling boy)*, de John Lennon.

arte a forma de sobreviver emocionalmente, sublimando algumas de suas encrencas internas.

Assim, ele fez a bela canção acima – *Beautiful boy (Darling boy)*. A segurança paterna que ele nunca teve e o afago que ele nunca ganhou são traduzidos em uma canção de ninar para acalentar o pequenino filho – Sean – e o pequenino dentro do homem John – *inside the man*, como ele canta em outra música de sua autoria.

Óbvio que o passado de sua infância não foi apagado com esses versos. Nem mesmo o ressentimento foi silenciado facilmente com essa melodia. Entretanto, ao menos em uns minutos ele conseguiu quebrar o ciclo vicioso de repetição do erro paterno e inspirar outras pessoas do mundo todo a fazer o mesmo.

***

Era uma vez um jovem estudioso – *também John, mas brasileiro*.

De origem modesta, aprendeu desde cedo que, por meio dos estudos, conseguiria vencer na vida.

Por isso mesmo, entregava-se horas a fio aos livros e aos cálculos, que tanto adorava.

Seu pai, analfabeto, tinha aquele tipo de sabedoria que se adquire na vida. Por isso, mesmo sem saber escrever, desempenhava com maestria a função de garçom – *sem nunca conseguir anotar um pedido ou usar o papel para fazer contas, nunca errou um pedido ou um troco*. Alcoolista, porém, em várias ocasiões, era extremamente grosseiro e injusto com os filhos.

Com sua inteligência, John aproveitava também para ganhar uns trocados, ensinando os colegas. Para tanto, muitas vezes, saía carregando o antigo quadro de giz por quarteirões inteiros e só chegava tarde da noite, cansado e com os olhos vermelhos de sono. Nessas ocasiões, seu pai, alcoolizado e violento, lhe dizia:

– Passou o dia todo na farra, não é vagabundo?!

Quando sóbrio, no entanto, o velho garçom era trabalhador, alegre e brincalhão. E, assim, provavelmente pela afinidade que John e seu pai tinham, o pequenino cresceu e registrou no seu psiquismo essas características virtuosas. E o que sempre chamou a atenção de todos que o cercavam era *o fato de John nunca falar mal de "seu velho" e não guardar rancores*.

Por outro lado, o menino guardou as carências defeituosas do antigo garçom. Não conseguia afagar, conversar ou brincar com os próprios filhos quando estes eram crianças e, em muitas ocasiões, era injusto e grosseiro contra eles. Somente muito tempo depois, quando eles começaram a se encaminhar na vida, deixando o antigo lar, o pai John se abriu para a afetividade.

John virou professor. Um excelente professor. Escolhido como paraninfo de suas turmas por inúmeras ocasiões. Parte disso se dava pelo fato de, para além da exatidão dos cálculos, ele preencher a necessidade afetiva dos alunos com carinho, preocupação e mensagens de incentivo no final de suas provas.

Sendo assim, mesmo sem saber, seus filhos sempre o buscaram. E o encontraram como professor – *simbólica e literalmente falando*. Desse modo, o silêncio das conversas foi preenchido pelas falas do professor; a carência afetiva foi parcialmente acalentada pelo carinho do professor.

Dessa maneira, embora menos poeticamente do que o John inglês, este John brasileiro igualmente conseguiu quebrar, ao menos em parte, o ciclo vicioso de repetir totalmente o erro paterno.

***

A relação entre pais e filhos, sem sombra de dúvida, é das mais complexas, imbricadas e encantadoras que se estabelece entre as pessoas. Não foi por outra razão que o Decálogo se ocupou dela em um dos mandamentos de Deus para seus filhos. E de igual maneira, Jesus se valeu da relação para dar outros tantos ensinamentos.

Entre a mãe e seus filhos, nós a desatar e laços a apertar.

Entre o pai e seus rebentos, encrencas e sublimações a desenrolar.

A princípio, nós, enquanto filhos, tendemos a vislumbrar nossos pais como super-heróis, totalmente aptos a nos proteger e fazer crescer. Essa visão é importante para a nossa formação psíquica.

Até certa medida e até certo momento, porém. É preciso ir entendendo que eles são seres humanos. E, portanto, como nós, têm as mesmas fragilidades.

Assim, é natural que eles não consigam preencher totalmente as nossas pendências internas e, em algumas ocasiões, até contribuam para a formação de outras.

Obviamente, há situações extremas em que "alguns pais [...] não são para os filhos o que deviam ser". Mas, mesmo aí, não compete aos filhos qualquer tipo de retaliação; ao contrário, deve-se deixar às Leis de Deus o desenrolar das tramas (KARDEC, 2017a, cap. 14, it. 3).

Em que pese isso, em muitas ocasiões, somos nós mesmos que escolhemos continuar fixados somente no defeito, sem perceber as qualidades.

Fazer essa movimentação, entretanto, é fundamental para que os filhos, enquanto pais/mães, não entrem no cenário da paternidade/maternidade repetindo os mesmos papéis e padrões que decoramos quando criança, nem mesmo adotando outros radicalmente opostos de modo atrapalhado.

Esse movimento não anulará por completo as ausências internas. Mas é fundamental para a nossa saúde mental.

Tal movimentação não mudará o passado. Mas será fundamental para a construção de uma perspectiva humana mais saudável.

Sendo assim, como anda na sua cabeça a relação com seus pais? E com seus filhos?

> *Os que encarnam numa família, sobretudo como parentes próximos, são, as mais das vezes, Espíritos simpáticos, ligados por anteriores relações, que se expressam por uma afeição recíproca na vida terrena. Mas também pode acontecer sejam completamente estranhos uns aos outros esses Espíritos, afastados entre si por antipatias igualmente anteriores, que se traduzem na Terra por um mútuo antagonismo, que aí lhes serve de provação.*
>
> ALLAN KARDEC[98]

---

[98] Em *O evangelho segundo o espiritismo*, cap. 14, it. 8.

19 Seguir em frente

Minha vontade chama-me: "Para a frente, sempre para a frente, cada vez mais conhecimento, mais vida, vida divina!" E com ela conquistarei a plenitude da existência, construirei para mim uma personalidade melhor, mais radiosa e amante.

LÉON DENIS[99]

Segundo João, Jesus teria ido três vezes a Jerusalém e, em muitas ocasiões, Ele ia até o templo. Naquele dia, em especial, o Cristo havia ido ao Monte das Oliveiras e somente de madrugada voltara ao templo.[100]

Sentado, ia ensinando a tantos quantos se chegavam próximo dele e, porque já fosse conhecido àquela ocasião, um grupo de fariseus e escribas

---
99 Em *O problema do ser, do destino e da dor*, 3ª pt., cap. 20.
100 *João*, 8:1 a 11.

trouxe à sua presença uma mulher que havia sido pega em adultério. Queriam apedrejá-la, segundo as normas da antiga lei, ao que Jesus propôs:

— Aquele que estiver sem pecados, atire a primeira pedra.

Em seguida, sem se perturbar, voltou a escrever no chão e paulatinamente todos os acusadores foram saindo, acusados pela própria consciência. Ao final, apenas ficaram o Mestre e a mulher.

— Onde estão teus acusadores? Ninguém te condenou? — questionou Jesus.

— Ninguém, Senhor — respondeu com muito medo a mulher.

— Eu também não te condenarei. Vai e não voltes a pecar — concluiu divinamente o Cristo de Deus.

***

Para o processo de mudança, é preciso arrepender-se do erro que se cometeu. Portanto, permanecer na culpa é criar lodo mental. Somente percorrendo a trajetória proposta por Kardec (2015, 1ª pt., cap. 7): arrependimento, expiação e reparação,[101] é possível crescer.

Quando paramos na culpa, criamos ruminação mental e sofrimento desnecessários. Isso porque

---

[101] Item sobre "O código penal da vida futura".

ela não gera melhoria naqueles que foram atingidos por nós e muito menos em nós mesmos. E essa culpa doentia vai minando o nosso bem-estar mental.

Por isso mesmo, Jesus nos conclama a seguir em frente. Mas não de forma atrapalhada como antes. Ao contrário, mudando o rumo em direção das escolhas equilibradas.

Não foi à toa que Ele escolheu o erro do adultério para nos ensinar isso, porquanto essa é uma condição comum a grande parte da Humanidade. Desse modo, de uma forma ou de outra, todos temos um pouco da adúltera em nós, sobretudo porque continuamos traindo a nós mesmos. Mas, mesmo que de forma anônima, como ela fez, todos também devemos ter força para seguir em frente para melhor.[102]

É verdade que tal passagem, de tão sublime, encerra muitos ensinamentos. Além do acima exposto, vale a pena destacar a postura de indulgência como algo importante para a nossa saúde mental, porque cada pessoa traz no íntimo da própria consciência os dramas pessoais.[103] Sendo assim, da mesma maneira que não devemos permanecer ruminando a culpa, não nos cabe uma atitude inquisitorial para

---

[102] Para ver a continuação da história dessa mulher, vale a pena ler o cap. *Encontro de reparação*, da obra *Pelos caminhos de Jesus*, de Amélia Rodrigues, psicografada por Divaldo Franco, pela Editora LEAL.

[103] Ver o cap. 23 deste livro, *Flexibilidade mental*.

os outros. Além de uma psicosfera antipática ao nosso redor, semelhante postura cria em nosso psiquismo um lodo que nos deixa mais pesados, cheios de pensamentos inúteis acerca dos erros alheios.

E, então, já conseguiu mover seus pés para o futuro e não perder tanto tempo da sua vida julgando os erros alheios?

> *O arrependimento suaviza os travos da expiação, abrindo pela esperança o caminho da reabilitação; só a reparação, contudo, pode anular o efeito destruindo-lhe a causa.*
>
> ALLAN KARDEC[104]

---

104 Em *O céu e o inferno*, cap. 7, it. "O código penal da vida futura".

20 Pílula de autoestima

Tua obra mais bela é tu mesmo.

Léon Denis[105]

O professor de música iniciava mais uma aula. Ensinando os elementos introdutórios, dessa feita, os alunos aprenderiam as noções de compasso e suas divisões.

– Em primeiro lugar, é preciso entender que a linguagem musical, notadamente nesse aspecto, guarda uma relação íntima com a da matemática – principiou ele.

Não deu tempo, contudo, de prosseguir. Vários ais exclamatórios foram ouvidos. E uma estudante falou automaticamente:

---
[105] Em *O problema do ser, do destino e da dor*, 2ª pt., cap. 19.

– Ah não! Já sei que não vou aprender. Eu sou péssima em matemática!

Àquela afirmativa pessimista, o professor concluiu:

– Concordo contigo. Mas não porque você seja burra ou algo do tipo. Entretanto, se no início da guerra você já deu a batalha por vencida, ficará difícil aprender alguma coisa. Se você não acreditar em você, não teremos a matéria-prima essencial para fazê-la aprender.

***

Jesus conhecia as ovelhas com as quais estava lidando. Sabia da nossa baixa autoestima. Percebia que muitas vezes o orgulho a que nos entregávamos era uma luta contra a própria insegurança.

Desse modo, vemo-lo em cima do monte, depois de falar as bem-aventuranças, notar que todos se olhavam encantados, mas certamente com certa melancolia.

"Como ter um coração puro, nós que somos tão tortuosos?" Certamente, foi esse o pensamento coletivo que reinou logo após a fala evangélica.

Ele, então, sabiamente, nos comparou com o sal que dá sabor aos temperos da Terra. Colocou-nos como a luz que deve ser colocada em cima do candeeiro e iluminar a sociedade.[106] E, seguindo a mesma proposta, enunciou que, estando conectados a Ele pelos divinos laços da crença, poderíamos fazer as coisas que Ele fez e ainda as fazer maiores,[107] porque seríamos pequeninos deuses – com *d* minúsculo – conforme os *Salmos* diziam e Jesus relembrou,[108] já que, em realidade, somos filhos de Deus[109] – com D maiúsculo. Dessa maneira, guardamos uma relação umbilical com o Criador e temos uma herança divina a resgatar.

Tais palavras de Jesus e da *Bíblia* não devem ser interpretadas como uma ilusão imposta a nós. Por outro lado, o Cristo poderia ter ocultado de nós todo esse potencial criativo e criador.

Sendo assim, a revelação que Ele nos faz, provavelmente, tem a função de ser verdadeira pílula para melhorar a nossa autoestima e, consequentemente, a confiança para mudar e crescer. Isso porque "no íntimo de cada alma está depositado o germe de todas as faculdades, de todas as potências, competindo-nos, portanto, o dever de fazê-las frutificar pelos nossos esforços e trabalhos" (DENIS, 2016, cap. 6).

---

106 *Mateus*, 5:13 a 16.
107 *João*, 14:12.
108 *João*, 10:34.
109 *Salmos*, 82:6.

Dessa forma, não nos compete mais permanecer na postura de rebaixamento pessoal. Ser humilde não é sinônimo de ter baixa autoestima e, às vezes, posturas do tipo "Quem sou eu? Eu só vou conseguir fazer isso na próxima reencarnação! Eu sou muito incapaz ainda!" revelam, na verdade, uma preguiça mental de não querer fazer o que deve ser feito.

Resta, então, a pergunta: você tem tomado diariamente a sua pílula de autoestima, contendo miligramas de luz com o excipiente do Evangelho?

> *Deus se ocupa com todos os seres que criou, por mais pequeninos que sejam. Nada, para a sua bondade, é destituído de valor.*
>
> (ALLAN KARDEC)[110]

---

110 Em *O livro dos espíritos*, q. 963.

21 A SERENIDADE DOS LÍRIOS DO CAMPO

> *Quando quiserdes achar refúgio contra as tristezas e as decepções da Terra, lembrai-vos de que há somente um meio: elevar o pensamento a essas puras regiões da luz divina, onde não penetram influências grosseiras do nosso mundo.*
>
> LÉON DENIS[111]

Finalmente, o casal decidia ter um filho. Após longos anos de casamento, a possibilidade sempre era temida e, por isso mesmo, adiada.

– Eu não tenho maturidade – dizia ela.

– E se o bebê tiver alguma doença grave e eu não conseguir ser um bom pai diante dessa situação? – ponderava ele.

---
111 Em *O grande enigma*, 1ª pt., cap. 8.

— Fico preocupada com o futuro da criança. Este mundo está caótico. Como vou colocar um ser em um mundo desse jeito? — receava ela.

— Eu tenho medo de tentarmos ter uma criança e não conseguirmos. Não quero passar por esse sofrimento. E se eu descobrir que sou eu que não consigo te engravidar? — questionava ele.

E de medos em medos, os anos foram se passando, até que um dia ele propôs a ela uma tentativa de gravidez. Ela, naturalmente, se espantou, tendo em vista o histórico das conversas que até então eles tinham. Procurando, no entanto, saber o motivo daquela mudança de postura, escutou do marido:

— Percebi que não adianta adiar uma coisa ou não a desejar somente por causa da ansiedade. Vamos tentar?

***

A ansiedade é uma emoção normal e presente em todos em algum momento da vida. Sem ela, inclusive, o indivíduo não se prepararia adequadamente diante dos perigos e de situações novas. Dessa forma, ela é até desejável.

Entretanto, há ocasiões em que a ansiedade ganha níveis muito altos, nos quais o sofrimento que causa suplanta os possíveis benefícios. É quando, então, a presença dela paralisa o ser e faz com que ele não consiga raciocinar direito, produzindo receios muito maiores do que a realidade apresenta.

Sabendo disso, Jesus apresentou a proposta de vivermos um dia após o outro, sem tanto receio pelo amanhã e resolvendo o possível de cada vez.[112] Corroborando isso, pediu para que olhássemos os lírios do campo, que não fiam, mas estão vestidos com uma túnica incomparável. Ponderou, igualmente, que observássemos os pássaros dos céus, que não semeiam, mas sempre estão com a subsistência garantida. E, nesse sentido, completou, aconselhando-nos a não ficarmos tão ansiosos com a Vida.

Certamente, essas palavras, se tomadas ao pé da letra, podem ser interpretadas como um salvo-conduto para uma vida irresponsável e imprevidente. Entretanto, o Cristo pega o exemplo dos lírios e dos pássaros justamente para tocar em dois grandes receios nossos – a questão da subsistência. É como se dissesse: Ora, se mesmo nessas esferas Deus provê, por que ficar tão angustiado com o resto?

Nesse contexto, a fala poética que Ele propõe não vem no sentido de esquecermos o planejamento, mas com a ideia de não nos quedarmos tão ansiosos com isso. Foi nesse sentido que Humberto

---

112 *Mateus*, 6:24 a 34.

de Campos, encerrando pequena crônica na qual trazia a preleção de um benfeitor espiritual a futuros Espíritos reencarnantes, anotou: "ajudando-nos na preservação da paz, Jesus recomendou-nos: 'Contemplai os lírios do campo!' Entretanto, para que não zombemos do profundo valor das horas, foi Ele mesmo quem nos advertiu: 'Caminhai enquanto tendes luz!'" (IRMÃO X/CHICO XAVIER, 2017, cap. 16, *A perda irreparável*).

Se naquele tempo esse ensinamento do Cristo teve razão de ser, nos dias de hoje, mais ainda. Temos criado um estilo de vida altamente ansiogênico:[113] cobranças de super rendimento, exigências que tornam o supérfluo necessário, trânsito caótico...

Sendo assim, mais do que nunca, precisamos colocar um pouco mais de serenidade em nossas mentes. Por isso, necessitamos observar os lírios do campo e os pássaros dos céus.

Vale a pena, portanto, observar a Natureza, entender a mensagem que ela lhe traz. E, nas exigências diárias, adotar a estratégia de viver um dia de cada vez, resolvendo as coisas por parte e realizando primeiro o possível e o que está a seu alcance.

E, então, você tem conseguido viver um dia de cada vez?

---

113 Gerador de ansiedade.

Não se deve, portanto, ver, nessas palavras, mais do que uma poética alegoria da Providência, que nunca deixa ao abandono os que nela confiam, querendo, todavia, que esses, por seu lado, trabalhem.

ALLAN KARDEC[114]

---

114 Em *O evangelho segundo o espiritismo*, cap. 25, it. 7.

22 Reconciliações necessárias

Todos os seres estão ligados uns aos outros e se influenciam reciprocamente: o Universo inteiro está submetido à lei da solidariedade.

LÉON DENIS[115]

O dirigente da reunião mediúnica de desobsessão não sabia ao certo, mas inspirado ponderava junto ao Espírito sofredor que se comunicava:
— Meu amigo, eu fico imaginando que você mesmo é o principal prejudicado nessa vingança que está travando. Sofreu no passado com o erro da *fulana* e agora está sofrendo com o próprio ódio. Você está em paz, agora que conseguiu prejudicá-la?
— Não quero sentir paz! — resmungou o obsessor.

---
115 Em *O grande enigma*, 1ª pt., cap. 2.

— Acho difícil você não desejar sentir novamente aquela sensação prazerosa que já sentiu nas paisagens campestres em que morou no passado.

Ao falar no assunto, inconscientemente, o perseguidor foi tocado nas fibras sensíveis do próprio ser e, na tela mental dele, as recordações da última existência carnal vieram à tona. Desse modo, começou a chorar. No que o dialogador arrematou:

— Pois bem. Por que não mudar? Já faz tanto tempo que você se demora no ódio. É bem verdade que não conseguirá perdoar agora. Entretanto, convidamos você a deixá-la um pouco e seguir com os nossos benfeitores. Quem sabe renovar as próprias energias e mudar de rumo?

O dirigente não sabia, mas aquele Espírito procurava a vingança havia quase dois séculos!

***

O ódio, a raiva, o rancor e o ressentimento nos paralisam. Fazem com que somente o objetivo da vingança seja almejado. Toda a vida acaba se resumindo ao ideal de que o suposto inimigo receba a mesma moeda de dor que recebemos outrora.

Curiosamente, no entanto, quando permanecemos nessa postura, não é somente o outro que poderá vir a sofrer com nossa perseguição, somos nós também, que começamos a padecer desde já. Isso porque toda perseguição, antes de ser física, começa no plano da própria mente. Assim, ao nos fazer ruminar sentimentos de ódio, automaticamente, gera em nós sofrimento.

Não foi por outro motivo que Jesus não se cansou de nos recomendar uma postura conciliadora diante da agressão. Antecipado por Sócrates, que já falava em retribuir o mal com o Bem (MACHADO, 2012), Ele sublimou o conceito, propondo que, quando nos batessem na face direita, deveríamos apresentar a outra.[116]

A princípio, isso pode parecer uma proposta masoquista. Por outro lado, pode-se pensar que é uma proposta de passividade.

Entretanto, o Evangelho de Jesus é de libertação e de ventura. Sabendo que todos temos uma energia agressiva potencial, Ele quis propor que essa energia não deveria ser direcionada ao polo do ódio destruidor, mas da ação construtiva. Se apenas retribuirmos a agressão com outra violência, estaremos só reagindo mecanicamente. No entanto, quando, em vez da violência, temos outra conduta, estamos agindo criativamente.

Desse modo, dar a outra face representa fazer o oposto positivamente ao que negativamente nos

---

[116] *Mateus*, 5:39.

foi dado. Se recebemos ódio, entregamos Amor; se recebemos ofensa, entramos com o perdão.

Sendo mais explícito ainda, o Cristo propôs que deveríamos nos reconciliar com o adversário enquanto estamos a caminho com ele, para que não sejamos entregues ao juiz, por este aos oficiais de justiça e por estes à prisão.[117] O juiz é a nossa própria consciência, e os oficiais podem representar os benfeitores, que poderão ter a tarefa de nos trazer de volta à vida física, no caso, à prisão, para uma nova experiência na tentativa de reparação.[118]

É todo um simbolismo divino que nos ensina o valor do perdão reconciliador para encontrarmos paz mental.

Mas, ao mesmo tempo que devemos perdoar o adversário, diminuindo o rancor e usando estratégias de paz, igualmente, precisamos nos reconciliar com nós mesmos, diminuindo a culpa e usando de artifícios equilibrados.

Como está a sua reconciliação consigo mesmo e com os outros?

> *O verdadeiro homem de bem [...] não alimenta ódio, nem rancor, nem desejo de vingança; a exemplo de Jesus, perdoa e esquece as ofensas e* só dos

---

117 *Mateus*, 5:25.
118 Interpretação aprendida com o amigo espírita Alberto Almeida.

benefícios se lembra, *por saber que perdoado lhe será conforme houver perdoado* (grifo nosso).

ALLAN KARDEC[119]

---

119 Em *O evangelho segundo o espiritismo*, cap. 17, it. 3.

23 Flexibilidade mental

Aprendamos a repreender com doçura e, quando for necessário, aprendamos a discutir sem excitação, a julgar todas as coisas com benevolência e moderação.

Léon Denis[120]

Duas amigas conversavam:
— Eu não consigo aceitar! – reclamava Maria.
— Mas você precisa perceber que ela pode ter tido os motivos dela. Vocês eram tão amigas. Não vale a pena acabar longos anos de afeto dessa forma, somente porque ela escorregou. É verdade que o que ela propôs não foi correto. Colocaria você e a sua profissão em uma situação difícil – ponderava Joana.

---
120 Em *Depois da morte*, 5ª pt., cap. 58.

— Mas ela sabe que eu não posso dar atestado médico para a neta dela somente porque a menina brincou a noite toda, não estudou e daí ficou com medo de fazer a prova. Fazendo isso, ela, que é avó, está ensinando a neta a mentir. Além do mais, sendo minha amiga, ela sabe que atestado médico é para casos de doença e não pode ser dado retroativamente.

— Tudo o que você fala é verdade. É por questões aparentemente pequenas como essa que o Brasil não vai para frente. E também é verdade que precisaríamos de mais pessoas corretas como você. Mas o que eu estou querendo dizer é que você deve passar por cima disso, considerando os longos anos de amizade que vocês nutrem. Penso que, da mesma forma que nos tribunais divino e humano, existem os atenuantes e os agravantes, você deve...

— Agravar a falta dela em me propor isso! Afinal, ela é minha amiga e me conhece! Sabe do meu jeito! Feriu a minha honra! — precipitada, não deixou Maria que Joana terminasse.

— Compreendo. Por outro lado, você pode usar os longos anos de afeto entre vocês como atenuante da pena. Ou seja, a sentença está dada: ela está errada. Mas a pena pode ser em liberdade, isto é, continuar a amizade com você! — arrematou a amiga.

Contrafeita, porém convencida com o argumento de Joana, Maria, nesse caminho, trilhou os passos da decisão.

***

A honestidade é um ingrediente necessário para o bem-estar mental. É, na realidade, "a essência do homem moral" (DENIS, 2016, 5ª pt., cap. 43). Com ela, mais facilmente se produz uma consciência tranquila. Precisamos utilizá-la conosco, com o próximo e com a sociedade. Sem isso, certamente, criaremos consequências nefastas, mais cedo ou mais tarde, para nós ou para o mundo.

Não foi à toa que Jesus propôs que o nosso falar e a nossa postura deveriam ser claras. Um sim deveria ser um sim. Um não deveria ser um não. Verdadeiramente. Sem dubiedades. Sem meios-termos, porque o que passasse disso viria sem clareza, porque contaminado pela malignidade da mentira.[121]

Nos tempos atuais de tanta corrupção, necessitamos urgentemente desse ensinamento. Contudo, temos encontrado muitas pessoas que, por trás disso, escondem a própria rigidez mental. Mas, como explica Pascal, a rigidez mata os bons sentimentos:

---

121 *Mateus*, 5:37.

> Se os homens se amassem com mútuo amor, mais bem praticada seria a caridade; mas, para isso, mister fora vos esforçásseis por largar essa couraça que vos cobre os corações, a fim de se tornarem eles mais sensíveis aos sofrimentos alheios. A rigidez mata os bons sentimentos; o Cristo jamais se escusava; não repelia aquele que o buscava, fosse quem fosse: socorria a mulher adúltera, como o criminoso; nunca temeu que a sua reputação sofresse por isso (KARDEC, 2017a, cap. 11, it. 12).

Dessa maneira, precisamos de honestidade e clareza, mas também de flexibilidade mental para lidar com as situações, sobretudo nos relacionamentos interpessoais e com nós mesmos. Do contrário, seremos muito severos uns com os outros.

Por isso, escreveu José:

> A indulgência jamais se ocupa com os maus atos de outrem, a menos que seja para prestar um serviço; mas, mesmo neste caso, tem o cuidado de os atenuar tanto quanto possível. Não faz observações chocantes, não tem nos lábios censuras; apenas conselhos e, as mais das vezes, velados (KARDEC, 2017a, cap. 10, it. 16).

Por exemplo, no caso em questão, a médica realmente deveria ter feito o que ela fez, ou seja, não dar o atestado. Entretanto, por causa disso, ela não precisaria cortar a amizade, esquecendo toda uma convivência anterior. Isso porque precisamos ter flexibilidade mental e não flexibilidade moral.

É nessa perspectiva que Humberto de Campos, escrevendo bela página sobre Jesus, anotou que Tiago e João estavam espantados com como o Cristo conseguia, "como ninguém, advogar a causa dos infelizes e identificar atenuantes para as faltas alheias, guardando o respeito que sempre consagrou à ordem". Dessa forma, desejando saber a opinião do Mestre sobre um ladrão ardiloso e confesso, levaram até Ele a questão, obtendo o seguinte ensinamento: "Se a prática do mal exige tanta inteligência e serviço de um homem, calculemos a nossa necessidade de compreensão, devotamento e perseverança no sacrifício que nos reclama a execução do verdadeiro bem" (IRMÃO X/CHICO XAVIER, 2017, cap. 35, Inesperada observação).

Assim, embora difícil, vale a pena refletir nisto:
— Como poderei encontrar a equação que me torne flexível psiquicamente sem me deixar ser escorregadio moralmente?

O verdadeiro homem de bem [...] é indulgente para as fraquezas alheias, porque sabe que também necessita de indulgência e tem presente esta sentença do Cristo: "Atire-lhe a primeira pedra aquele que se achar sem pecado". Nunca se compraz em rebuscar os defeitos alheios, nem, ainda, em evidenciá-los. Se a isso se vê obrigado, procura sempre o bem que possa atenuar o mal.

ALLAN KARDEC[122]

---

122   Em *O evangelho segundo o espiritismo*, cap. 17, it. 3.

24 Um pouco mais de humor em nossas vidas

O bom humor constitui a saúde da alma. Deixemos o nosso coração abrir-se às impressões sãs e fortes.

Léon Denis[123]

— Doutor! — inesperadamente o médico psiquiatra foi abordado pelo paciente em um hospital psiquiátrico.
— Pois não? — respondeu o profissional, interessado.
— O senhor sabe que eu sou doido?!
A pergunta-afirmação era inusitada. E, ao mesmo tempo em que falou isso, o paciente retirou do bolso um dinheiro e, ato contínuo, rasgou-o no meio.

---
[123] Em *Depois da morte*, 5ª pt., cap. 49.

Porque ninguém entendesse o ocorrido, ele próprio tranquilizou o psiquiatra:

– Calma, doutor. É só uma nota de dois reais. Eu sou doido, mas não sou burro! – concluiu jocosamente.

No que todos se deram o direito de sorrir largamente.

***

Na epopeia da existência, somos, queiramos ou não, levados a nos deparar com situações muito desgostosas. Às vezes, o atrapalho é tão grande que o humor se apresenta como o caminho mais ameno a ser seguido. Aliás, é um mecanismo de defesa do nosso ego contra o sofrimento. Se bem conduzido, pode se apresentar como um caminho muito saudável.

Nutrir lamúrias só contribui para aumentar o azedume e a revolta dentro de nós mesmos. Por isso, no exemplo anterior, o paciente transformou a própria tragédia em episódio cômico.

Muitas vezes, a Boa-Nova é apresentada como um campo hermético e sisudo. Mas se pararmos para refletir, perceberemos que, em várias ocasiões nas quais Jesus anunciava sofrimentos ou incompreensões, Ele também exortava os discípulos a exultarem e a se regozijarem.[124] Ou seja, a sentirem alegria.

---

124 *Mateus*, 5:12; *Lucas*, 6:23.

Além disso, não foi por outra razão que Jesus, contando a parábola das bodas, comparou o Reino de Deus a uma festa, onde reinava a alegria.[125] Mas se o Reino dos Céus está dentro de cada um de nós, ou entre nós,[126] é porque essa sensação de ventura não deve ser vivenciada somente nas expectativas do futuro, mas também nas possibilidades do hoje.

Nessa perspectiva, *Um espírito protetor*, discorrendo sobre como seria o homem no mundo, teve ocasião de escrever que a virtude não consistiria "em assumirdes severo e lúgubre aspecto, em repelirdes os prazeres que as vossas condições humanas vos permitem. Basta reporteis todos os atos da vossa vida ao Criador que vo-la deu [...]" (KARDEC, 2017a, p. 319).[127]

Não se fala, com isso, em menosprezar a dor, mas em aliviá-la pelas vias do humor.

Dessa forma, você tem sorrido um pouco mais de si mesmo e da vida?

> *Sois chamados a estar em contato com espíritos de naturezas diferentes, de caracteres opostos: não choqueis a nenhum daqueles com quem estiverdes. Sede joviais, sede ditosos, mas seja a vossa jovialidade a que provém de uma consciência limpa,*

---

125 *Mateus,* 22:1 a 14.
126 *Lucas,* 17: 20 e 21.
127 Em *O evangelho segundo o espiritismo,* cap. 17, it. 10.

seja a vossa ventura a do herdeiro do Céu que conta os dias que faltam para entrar na posse da sua herança.

Um Espírito Protetor (Allan Kardec)[128]

---

128 Em *O evangelho segundo o espiritismo*, cap. 17, it. 10.

Conclusão

No Cristianismo encontram-se todas as verdades; são de origem humana os erros que nele se enraizaram.

O Espírito de Verdade (Allan Kardec)[129]

Conta-nos o educador pernambucano Paulo Freire que, fazendo a trajetória de pessoas entre duas margens de um rio de difícil travessia, existia um barqueiro. Certo dia, em uma das viagens, iam uma professora e um advogado.

A certa altura, porque gostasse de falar, perguntou o advogado ao barqueiro:

– O senhor conhece as leis?

– Não – respondeu o remador.

– Que pena, o senhor perdeu a metade de sua vida – concluiu o advogado, sem pena.

---

[129] Em *O evangelho segundo o espiritismo*, cap. 6, it. 5.

A professora, no entanto, também quis entrar na conversa, talvez enciumada.

— O senhor sabe ler e escrever?

— Também não — falou o barqueiro, um tanto quanto humilhado.

— Que pena, o senhor perdeu a metade de sua vida — arrematou a professora orgulhosamente.

Nisso veio uma onda muito forte e virou o barco. Preocupado, o canoeiro questionou os transeuntes:

— Vocês sabem nadar?

— Não! — responderam eles em uníssono.

— Que pena — concluiu o barqueiro — vocês perderam a vida inteira.

Conclui o educador que não existem saberes maiores ou menores; apenas saberes diferentes. De fato, temos que concordar com ele.

Nestas páginas, nos debruçamos sobre algumas passagens do Evangelho com a finalidade de encontrar dicas para adquirir ou manter a nossa saúde mental. Isso, porém, não implica dizer que devamos esquecer os outros manuais da Terra que versam sobre o assunto e ficar exclusivamente com as falas de Jesus. Se tivéssemos que fazer isso, Ele, como governante da Terra, não teria enviado missionários de luz aos diversos pontos do globo, que acabaram sendo seguidos em diversas religiões e/

ou segmentos filosóficos que foram constituídos ao redor de cada um deles.[130]

É por isso que a Doutrina Espírita, construindo suas bases religiosas em torno do Evangelho de Jesus, tem como uma das principais características a capacidade de fazer pontes com os diversos ramos do conhecimento humano.

Isso posto, vale a pena resumir as orientações de Jesus para a nossa saúde mental expostas nestas páginas:

- Utilizar a força do nosso pensamento;
- Valer-nos do poder da prece e da fé;
- Amar a nós mesmos para amar o próximo;
- Pegar a fonte de Amor que Jesus tem para conosco quando não tivermos o exemplo do Amor em nossos lares;
- Ser solidários, mas sabendo respeitar o tempo e o espaço do outro;
- Despertar a sensibilidade para ver os acontecimentos da vida com outro olhar, enchendo-nos de sentido;
- Utilizar a tristeza e a dor como propulsoras da nossa mudança;
- Acolher a própria aflição sem culpa;
- Perceber as belezas sutis da vida e da existência;
- Saber fazer escolhas;
- Entender que a nossa felicidade não se encontra nas amarras terrenas;
- Despertar em nós o sentido de ser útil por meio do trabalho;

---

130 Sobre o assunto, ver o livro *A caminho da luz*, de Emmanuel, psicografado por Francisco Cândido Xavier, editado pela FEB.

- Diminuir o orgulho doentio;
- Sair da postura de vítima;
- Fazer além da nossa obrigação;
- Nutrir a capacidade de sonhar e de se confraternizar;
- Abandonar os erros parentais;
- Pensar e conciliar as relações com nossos pais e com nossos filhos;
- Não nutrir a culpa doentia, nem uma postura inquisitorial;
- Saber que somos filhos de Deus e pequeninos deuses;
- Diminuir a nossa ansiedade;
- Fazer reconciliações;
- Ter coerência moral, mas não rigidez mental;
- Nos embates, utilizar o humor como mecanismo saudável de superação.

Se conseguirmos nos valer do Evangelho de Jesus na dinâmica de nossas existências, e não somente nos parênteses da devoção, certamente adentraremos em novo patamar individual. Teremos mais *saúde mental,* muito embora passemos ainda por transtornos psiquiátricos, dificuldades psicológicas ou enfermidades clínicas, porque teremos encontrado um sentido existencial. E quando o conseguirmos adquirir, os dias serão mais serenos, sobretudo quando estivermos definitivamente sob o jugo de Jesus, porque este é leve – não nos amordaça, liberta-nos; não nos limita, expande-nos; não nos intimida, plenifica-nos.

Então, não mais nos afogaremos nas águas da aflição, pois, como o barqueiro, conseguiremos nadar. E quando da outra margem do rio olharmos para trás, entenderemos, enfim, que a existência com os seus embates valeu a pena, pois nosso *eu* se engrandeceu.

ÍNDICE GERAL[131]

Alegria
condição para compra – 11

Além e a sobrevivência do ser, O
Léon Denis – 3, nota

Amarra parental
abandono – 17

Amor
demonstração do * de mãe – 3
exemplo e fonte de *, Jesus – 4
Lázaro, Espírito – 3
Lei de Deus e * ao próximo – 3, nota
Léon Denis – 3, nota; 4, nota

Ana, mãe
Joseph Mohr, filho – 9

Anabel, dona
diagnóstico de câncer do colo uterino
– 2, nota
estado caquético – 2
fé – 2
grupo de religiosas – 2
prece universal do Pai-Nosso – 2

Ansiedade
características – 21

Ansiogênico
significado da palavra – 21, nota

Antonio Barezzi, mercador
Giuseppe Verdi, músico – 7
Margherita, filha – 7

Astenia
significado da palavra – 1, nota

Autoestima
pílula de * e Evangelho – 20

Balint, Michael
médico pioneiro – 1

Beautiful boy, canção
John Lennon – 18, nota

Bem
Sócrates e retribuição do mal – 22

Beck, Aaron
médico pioneiro – 1

Beta-hCG positivo
significado – 1, nota

Bom humor
saúde da alma – 24, nota

Caçula
significado da palavra – 14, nota

Caminho da luz, A
Emmanuel, Espírito – concl., nota

---

[131] N.E.: Os números arábicos remetem aos capítulos. Utilizaram-se as abreviaturas introd. e concl. para as palavras Introdução e Conclusão, respectivamente.

ÍNDICE GERAL

Francisco Cândido Xavier – concl., nota

Campos, Humberto de
Antônio de Pádua – 12
crônica – 21
curioso conto – 12
página sobre Jesus – 23

Caridade
mútuo amor – 23

Ceia
ensinamentos fundamentais – 4
Jesus – 4, notas
trágico acontecimento com Judas – 4

Céu e o inferno, O
Allan Kardec – 10, nota; 11, nota; 14, nota; 19, nota

Consciência
juiz – 22, nota

Corpo fluídico *ver* Perispírito

Criador *ver* Deus

Criança
deveres e destino – 17
egocentrismo – 16
negligência na escola e na família – 17
pureza da * e esquecimento do passado – 16

Cristianismo
interpretação – 5

Cristo *ver* Jesus

Culpa
erro do adultério – 19
permanência na *, lodo mental – 19

Cura
obtenção – 1

Decálogo
Êxodo – 18, nota

Denis, Léon
Além e a sobrevivência do ser, O – 3, nota
alma humana – 1, nota
amor – 3, nota
amor divino – 4, nota
Depois da morte – 4, nota; 5, nota; 11, nota; 13, nota; 15, nota; 16, nota; 17, nota; 23, nota; 24, nota
dever – 5, nota
dor – 7
felicidade – 11
Grande enigma, O – 2, nota; 9, nota; 21, nota; 22, nota
mensagem do Universo – 9
orgulho – 13
pensamento – 1, nota
Porquê da vida, O – 6, nota; 10, nota; 12, nota
prece – 2, nota
Problema do ser, do destino e da dor, O – 1, nota; 7, nota; 8, nota; 14, nota; 19, nota; 20, nota
sofrimento – 7, nota

Depois da morte
Léon Denis – 4, nota; 5, nota; 11, nota; 13, nota; 15, nota; 16, nota; 17, nota; 23, nota; 24, nota

Deus
amar a * acima de tudo – 3, nota
Israel, povo escolhido – 4

Dever
Lázaro, Espírito – 5, nota
Léon Denis – 5, nota

Divino Galileu *ver* Jesus

Dor
admissão da própria – 8
Léon Denis – 7
menosprezo – 24

ÍNDICE GERAL

Doutrina Espírita *ver* Espiritismo

Egocentrismo
  criança – 16

Emmanuel, Espírito
  Caminho da luz, A – concl., nota
  Francisco Cândido Xavier – concl., nota

Enfermidade
  Allan Kardec – 1
  causa – 1

Espiritismo
  diversos ramos do conhecimento humano – com cl.
  felicidade – 11, nota
  fluido cósmico – 1, nota
  Gênese, A – 1, nota
  posição de responsabilidade – 14

Espírito(s)
  encarnação de * na família – 18, nota

Evangelho de Jesus
  Doutrina Espírita – concl.
  pílula de autoestima – 20

Evangelho segundo o espiritismo, O
  Allan Kardec – 2, nota; 4, nota; 5, nota; 6, nota; 7, nota; 8, nota; 13, nota; 15, nota; 16, nota; 17, nota; 18, nota; 21, nota; 22, nota; 23, nota; 24, nota; concl.

Família
  encarnação de Espíritos simpáticos e antipáticos – 18, nota

Fé
  Anabel, dona – 2
  conquista do ser feliz – 11
  estímulo no campo da saúde – 2
  importância – 11
  isenção das aflições – 8
  Jesus – 1

passaporte de segurança na viagem da morte – 2
  poder terapêutico – 2
  sinapses – 2

Felicidade
  Allan Kardec – 11, nota
  anseio básico da Humanidade – 11
  Espiritismo – 11, nota
  estudo da temática – 11
  geradores – 11
  Léon Denis – 11
  níveis de * e aumento do poder aquisitivo – 11
  riqueza – 11
  Sócrates – 11

Fertilização *in vitro*
  significado da expressão – 1, nota

Flexibilidade mental
  flexibilidade moral – 23
  relacionamentos interpessoais – 23

Flexibilidade moral
  flexibilidade mental – 23

Fluido cósmico *ver também* Fluido universal
  Espiritismo – 1, nota

Fluido universal
  fluidos espirituais – 1

Franco, Divaldo
  Amélia Rodrigues – 19, nota
  Pelos caminhos de Jesus – 19, nota

Frankl, Viktor, médico psiquiatra
  fundador da logoterapia – 6
  olhar da Segunda Guerra Mundial – 6, nota

Freire, Paulo, educador
  saberes diferentes – concl.

Freud, Sigmund
  médico pioneiro – 1

ÍNDICE GERAL

Gênese, A
Allan Kardec – 1, nota; 9, nota

Grande enigma, O
Léon Denis – 2, nota; 9, nota; 21, nota; 22, nota

Gravidez ectópica tubária
significado da expressão – 1, nota

Gruber, Franz, maestro
Hino Universal do Natal – 9

Grupo espírita
nova ferramenta da espiritualidade – 13

Harmonia da Natureza
Léon Denis – 9, nota

Homem de bem
características do * e Allan Kardec – 13;15; 22, nota; 23, nota

Homem moral
honestidade – 23

Honestidade
bem-estar mental – 23
essência do homem moral – 23
homem moral – 23
rigidez mental – 23

Hospital de Villanova, obra social
Giuseppe Verdi, músico – 7, nota

Humildade
primeira bem-aventurança – 13, nota
simbologia da manjedoura – 9
simbologia do nascimento de Jesus – 9

Indulgência
características – 23

Inside the man, canção
John Lennon – 18

Israel
povo escolhido por Deus – 4

Jairo, chefe da sinagoga
Jesus – 1

Jerusalém, cidade
chegada triunfante de Jesus – 13
Jesus – 10, nota; 19, nota

Jesus
adjetivações – introd.
amor – 3, notas
cartas de * e carteiro – 13
ceia – 4, notas
chegada triunfante de * em Jerusalém – 13
comemorações da Páscoa – 4
curas e ensinamentos – 7
Deuteronômio – 3, nota
ensinamentos fundamentais – 4
exemplo e fonte de Amor – 4
fé – 1; 2, nota
função – introd.
governante da Terra – concl.
hipócritas – 2, nota
Jairo, chefe da sinagoga – 1, nota
Jerusalém, cidade – 10, nota; 19, nota
João, Apóstolo – 4, nota; 8, nota; 10, nota; 11, nota; 12, nota; 19, nota; 20, nota
Levítico – 3, nota
Lucas, Apóstolo – 1, nota; 2, nota; 5, nota; 8, nota; 9, nota; 13, nota; 14, nota; 15, nota; 24, nota
luz do mundo – 20
Marcos, Apóstolo – 1, nota; 2, nota; 3, nota; 8, nota; 16, nota
Mateus, Apóstolo – 1, nota; 2, nota; 5, nota; 6, nota; 7, nota; 8, nota; 12, nota; 13, nota; 14, nota; 15, nota; 17, nota; 20, nota; 21, nota; 22, nota; 23, nota; 24, nota
Monte das Oliveiras – 19, nota
mulher adúltera – 19
mulher hemorroíssa – 1
mulher samaritana – 10
oferta da outra face – 22

ÍNDICE GERAL

oração do Pai-Nosso – 2, nota
página sobre *, Humberto de Campos – 23
parábola das bodas – 24
parábola do samaritano – 5
Pedro, apóstolo – 1
postura conciliadora – 22
reconciliação com os adversários – 2, nota; 22
sal da Terra – 20
Samaria, cidade – 10
Sermão do Monte – 15
Sicar, cidade – 10
simbologia do nascimento – 9

João, Apóstolo
filho espiritual de Maria de Nazaré – 8
Jesus – 4, nota; 8, nota; 10, nota; 11, nota; 12, nota; 19, nota; 20, nota

John, brasileiro
pai alcoolizado e violento – 18

Judas
ceia e trágico acontecimento – 4
remorso – 5

Jung, Carl Gustav
médico pioneiro – 1

Kardec, Allan
características do homem de bem – 15
causa de enfermidade – 1
Céu e o inferno, O – 10, nota; 11, nota; 14, nota; 19, nota
coletânea de preces espíritas – 2
Evangelho segundo o espiritismo, O, – 2, nota; 4, nota; 5, nota; 6, nota; 7, nota; 8, nota; 13, nota; 15, nota; 16, nota; 17, nota; 18, nota; 21, nota; 22, nota; 23, nota; 24, nota; concl.
felicidade – 11, nota
fotografia do pensamento – 1
Gênese, A – 1, nota; 9, nota
Lei de Deus – 3, nota
livre-arbítrio – 10, nota

Livro dos espíritos, O – 3, nota; 4, nota; 7, nota; 20, nota
óbolo do pobre – 15, nota
pensamento – 1, nota
prece – 2, nota
pureza do coração – 16, nota
trabalho – 12, nota
verdadeiro homem de bem – 13, nota; 22, nota; 23, nota

Lázaro, Espírito
amor – 3; 4, nota

Lei da solidariedade
Universo – 22, nota

Lei de Deus
amor ao próximo – 3, nota

Lennon, John
Beautiful boy, canção – 18, nota
Inside the man, canção – 18
repetição do erro paterno – 18
segurança paterna – 18

Livre-arbítrio
Allan Kardec – 10, nota

Livro dos espíritos, O
Allan Kardec – 3, nota; 4, nota; 7, nota; 20, nota
mal – 7, nota; 11, nota; 12, nota
repouso – 12, nota

Logoterapia – 6
Viktor Frankl – 6

Lucas, Apóstolo
Jesus – 1, nota; 2, nota; 5, nota; 8, nota; 9, nota; 13, nota; 14, nota; 15, nota; 24, nota

Mãe
demonstração do amor – 3

Mal
Allan Kardec – 7, nota
retribuição do * com o Bem – 22

ÍNDICE GERAL

Marcos, Apóstolo
Jesus – 1, nota; 2, nota; 3, nota; 8, nota; 16, nota

Margherita
Antonio Barezzi, pai – 7
Giuseppe Verdi, músico – 7
morte – 7

Maria de Nazaré
João, Apóstolo, filho espiritual – 8

Mateus, Apóstolo
Jesus – 1, nota; 2, nota; 5, nota; 6, nota; 7, nota; 8, nota; 12, nota; 13, nota; 14, nota; 17, nota; 20, nota; 21, nota; 22, nota; 23, nota; 24, nota

Mestre *ver* Jesus

Miomatose uterina
significado da expressão – 1, nota

Mohr, Joseph, padre
Ana, mãe – 9
Franz Gruber, maestro – 9
Hino Universal do Natal – 9
infância dolorosa – 9

Monte das Oliveiras
Jesus – 19, nota

Morte
passaporte de segurança na viagem da * e fé – 2

Mulher
encontro de Jesus com * adúltera – 19, 23
energias salutares e * hemorroíssa – 1
fé – 1
historia de * de vida difícil – 1
Jesus e * pessimista – 1
prazeres efêmeros da * samaritana – 10

Nabucco, ópera
história da escravidão dos judeus na Babilônia – 7

Giuseppe Verdi, músico – 7

Oberto, ópera
Giuseppe Verdi, músico – 7

Oncologia
significado da palavra – 2, nota

Oração *ver* Prece

Orgulho
Léon Denis – 13
luta contra a própria insegurança – 20

Pádua, Antônio de
Humberto de Campos – 12

Palestina
regiões – 10

Parábola das bodas
Jesus – 24

Parábola do samaritano
Jesus – 5

Páscoa
comemorações da * e Jesus – 4

Pedro, Apóstolo
Jesus – 1
promessas da própria vida – 4

Pelos caminhos de Jesus
Amélia Rodrigues – 19, nota
Divaldo Franco – 19, nota

Pensamento
Allan Kardec – 1, nota
fotografia do * e Allan Kardec – 1
Léon Denis – 1, nota
poder gerador – 1
vontade – 1

Perdão
valor do * para a paz mental – 22

Perispírito
fluidos espirituais – 1

ÍNDICE GERAL

Perseguição
início no plano da própria mente – 22

Pessimismo
armadilhas – 1
geração de obstáculos – 1

Platão
Sócrates – 11

Poço de Jacó
Jesus – 10
Sicar, cidade – 10

Porquê da vida, O
Léon Denis – 6, nota; 10, nota; 12, nota

Prece(s)
Allan Kardec – 2, nota
coletânea de * espíritas – 2
estímulo no campo da saúde – 2
hipócritas – 2, nota
Léon Denis – 2, nota
poder terapêutico – 2
reconciliação com os adversários – 2, nota
Sean, menino bonito – 18, nota
sinapses – 2
vida do homem de bem e * contínua – 2

Prece universal do Pai-Nosso
Anabel, dona – 2
Jesus – 2, nota

Preguiça
malefícios do tempo perdido – 12

Problema do ser, do destino e da dor, O
Léon Denis – 1, nota; 7, nota; 8, nota; 14, nota; 19, nota; 20, nota

Pureza do coração
Allan Kardec – 16, nota

Rabi *ver* Jesus

Regeneração
passos para obtenção – 19, nota

Reino dos Céus
amadurecimento, paz – 17
entrada – 16
recompensas – 17, nota

Reparação
tentativa – 22, nota

Repouso
direito divino – 12, nota

Resignação
catador de lixo – 11

Responsabilidade
Léon Denis – 15, nota

Reunião mediúnica
dirigente da * de desobsessão – 22

Riqueza
felicidade – 11

Rodrigues, Amélia
Pelos caminhos de Jesus – 19, nota
Divaldo Franco – 19, nota

Salmos
pequeninos deuses – 20, nota

Samaria, cidade
filhos mestiços – 10
glórias do passado – 10
Jesus – 10

Saúde mental
ausências internas – 18
indulgência – 19
obtenção – 8, 16, concl.
orientações – concl.

Sean, menino bonito
prece – 18, nota

ÍNDICE GERAL

Segunda Guerra Mundial
olhar de Viktor Frankl – 6, nota

Sermão do Monte
Jesus – 15

Sicar, cidade
Jesus – 10
poço de Jacó – 10

Sinapse
fé e prece – 2
significado da palavra – 2, nota

Sócrates
felicidade – 11
Platão – 11
retribuição do mal com o Bem – 22

Sofrimento
Léon Denis – 7, nota
mudança de olhar – 6
sensibilidade ao * alheio – 23

Terra
medicina diferente – introd.

Trabalho
Allan Kardec – 12, nota
conceito – 12
terapêutica de excelência – 12

Tristeza
sensibilizadora de nossa alma – 7

Universo
Lei da Solidariedade – 22, nota
mensagem do * e Léon Denis – 9

USG com translucência nucal
significado – 1, nota

USG morfológica
significado – 1, nota

Un giorno di regno, ópera
Giuseppe Verdi, músico – 7

UTI neonatal
significado – 1, nota

Va pensiero, ária
Giuseppe Verdi, músico – 7
símbolo do nacionalismo italiano – 7

Verdi, Giuseppe, músico
Antonio Barezzi, mercador – 7
Casa de Repouso, obra social – 7, nota
Hospital de Villanova, obra social – 7, nota
Margherita, esposa – 7
Nabucco, ópera – 7
Oberto, ópera – 7
ostracismo – 7
Un giorno di regno, ópera – 7
Va pensiero, ária – 7

Virtude
considerações sobre *, espírito protetor – 24, nota

Vitimização
característica da imaturidade psicológica e espiritual – 14
obstáculo para o bem-estar pessoal e crescimento espiritual – 14

Vontade
pensamento – 1

Xavier, Francisco Cândido
Caminho da luz, A – concl., nota
Emmanuel, Espírito – concl., nota

Referências

BÍBLIA DE JERUSALÉM. Nova edição, revista e ampliada. 8. imp. São Paulo: Paulus, 2002.

BÍBLIA SAGRADA, A. Trad. João Ferreira de Almeida. Edição familiar: Difusão Cultural do Livro.

DENIS, Léon. *O além e a sobrevivência do ser*. 11. ed. 3. imp. Brasília: FEB, 2016.

_____. *O problema do ser, do destino e da dor*. 32. ed. 8. imp. Brasília: FEB, 2014.

_____. *O grande enigma*. 16. ed. 1. imp. Brasília: FEB, 2014.

_____. *O porquê da vida*. 23. ed. 2. imp. Brasília: FEB, 2016.

_____. *Depois da morte*. 28. ed. 4. imp. Brasília: FEB, 2016.

FERRAZ, Renata B.; TAVARES, Hermano; ZILBERMAN, Monica L. Felicidade: uma revisão. *Revista de Psiquiatria Clínica*, v. 34, n. 5, p. 234-242, 2007.

FRANKL, Viktor E. *Em busca de sentido*: um psicólogo no campo de concentração. 1. ed. Petrópolis: Vozes, 1991.

REFERÊNCIAS

KARDEC, Allan. *A gênese*. Trad. Guillon Ribeiro. 53. ed. 4. imp. (Ed. Hist.). Brasília: FEB, 2016.

_____. *O livro dos espíritos*. Trad. Guillon Ribeiro. 93. ed. 4. imp. (Ed. Hist.). Brasília: FEB, 2017.

_____. *O céu e o inferno*. Trad. Guillon Ribeiro. 61. ed. 3. imp. (Ed. Hist.). Brasília: 2015.

_____. *O evangelho segundo o espiritismo*. Trad. Guillon Ribeiro. 131. ed. 8. imp. (Ed. Hist.). Brasília: 2017a.

KOENING, Harold G. et al. Attendance at religious services, interleukin-6, and other biological parameters of immune function in older adults. *The International Journal of Psychiatry in Medicine*, South Carolina, USA, 1997.

MACHADO, Leonardo. *Os últimos dias do sábio*. Porto Alegre: FERGS, 2012.

_____. *A sabedoria de Sócrates e o cristianismo redivivo*. São Paulo: IDE, 2008.

_____. A Palestina no tempo de Jesus. *Reformador*, junho. Rio de Janeiro: FEB, 2009.

NOVO TESTAMENTO, O. Trad. Haroldo Dutra Dias. 1. ed. 6. imp. Brasília: FEB, 2017.

XAVIER, Chico. *Luz acima*. Pelo Espírito Irmão X. 11. ed. 4. imp. Brasília: FEB, 2017.

_____. *A caminho da luz*. Pelo Espírito Emmanuel. 38. ed. 7. imp. Brasília: FEB, 2017.

VIDA SAUDÁVEL E FELIZ

EDIÇÃO	IMPRESSÃO	ANO	TIRAGEM	FORMATO
1	1	2018	3.000	14x21
1	2	2020	1.000	14x21
1	3	2020	2.300	14x21
1	IPT*	2024	200	14x21
1	IPT	2024	300	14x21
1	IPT	2024	410	14x21
1	IPT	2025	350	14x21

*Impressão pequenas tiragens

O LIVRO ESPÍRITA

Cada livro edificante é porta libertadora.

O livro espírita, entretanto, emancipa a alma nos fundamentos da vida.

O livro científico livra da incultura; o livro espírita livra da crueldade, para que os louros intelectuais não se desregrem na delinquência.

O livro filosófico livra do preconceito; o livro espírita livra da divagação delirante, a fim de que a elucidação não se converta em palavras inúteis.

O livro piedoso livra do desespero; o livro espírita livra da superstição, para que a fé não se abastarde em fanatismo.

O livro jurídico livra da injustiça; o livro espírita livra da parcialidade, a fim de que o direito não se faça instrumento da opressão.

O livro técnico livra da insipiência; o livro espírita livra da vaidade, para que a especialização não seja manejada em prejuízo dos outros.

O livro de agricultura livra do primitivismo; o livro espírita livra da ambição desvairada, a fim de que o trabalho da gleba não se envileça.

O livro de regras sociais livra da rudeza de trato; o livro espírita livra da irresponsabilidade que, muitas vezes, transfigura o lar em atormentado reduto de sofrimento.

O livro de consolo livra da aflição; o livro espírita livra do êxtase inerte, para que o reconforto não se acomode em preguiça.

O livro de informações livra do atraso; o livro espírita livra do tempo perdido, a fim de que a hora vazia não nos arraste à queda em dívidas escabrosas.

Amparemos o livro respeitável, que é luz de hoje; no entanto, auxiliemos e divulguemos, quanto nos seja possível, o livro espírita, que é luz de hoje, amanhã e sempre.

O livro nobre livra da ignorância, mas o livro espírita livra da ignorância e livra do mal.

Emmanuel[1]

---

[1] Página recebida pelo médium Francisco Cândido Xavier, em reunião pública da Comunhão Espírita Cristã, na noite de 25 de fevereiro de 1963, em Uberaba (MG), e transcrita em *Reformador*, abr. 1963, p. 9.

LITERATURA ESPÍRITA

Em qualquer parte do mundo, é comum encontrar pessoas que se interessem por assuntos como imortalidade, comunicação com Espíritos, vida após a morte e reencarnação. A crescente popularidade desses temas pode ser avaliada com o sucesso de vários filmes, seriados, novelas e peças teatrais que incluem em seus roteiros conceitos ligados à Espiritualidade e à alma.

Cada vez mais, a imprensa evidencia a literatura espírita, cujas obras impressionam até mesmo grandes veículos de comunicação devido ao seu grande número de vendas. O principal motivo pela busca dos filmes e livros do gênero é simples: o Espiritismo consegue responder, de forma clara, perguntas que pairam sobre a Humanidade desde o princípio dos tempos. Quem somos nós? De onde viemos? Para onde vamos?

A literatura espírita apresenta argumentos fundamentados na razão, que acabam atraindo leitores de todas as idades. Os textos são trabalhados com afinco, apresentam boas histórias e informações coerentes, pois se baseiam em fatos reais.

Os ensinamentos espíritas trazem a mensagem consoladora de que existe vida após a morte, e essa é uma das melhores notícias que podemos receber quando temos entes queridos que já não habitam mais a Terra. As conquistas e os aprendizados adquiridos em vida sempre farão parte do nosso futuro e prosseguirão de forma ininterrupta por toda a jornada pessoal de cada um.

Divulgar o Espiritismo por meio da literatura é a principal missão da FEB, que, há mais de cem anos, seleciona conteúdos doutrinários de qualidade para espalhar a palavra e o ideal do Cristo por todo o mundo, rumo ao caminho da felicidade e plenitude.

Conselho Editorial:
Carlos Roberto Campetti
Cirne Ferreira de Araújo
Evandro Noleto Bezerra
Geraldo Campetti Sobrinho – Coord. Editorial
Jorge Godinho Barreto Nery – Presidente
Maria de Lourdes Pereira de Oliveira
Miriam Lúcia Herrera Masotti Dusi

Produção Editorial:
Elizabete de Jesus Moreira

Revisão:
Anna Cristina de Araújo Rodrigues
Elizabete de Jesus Moreira
Larissa Meirelles Barbalho Silva

Capa:
Evelyn Yuri Furuta

Projeto Gráfico e Diagramação:
Thiago Pereira Campos

Normalização Técnica:
Biblioteca de Obras Raras e Documentos Patrimoniais do Livro

Esta edição foi impressa no sistema de Impressão pequenas tiragens, em formato fechado de 140x210 mm e com mancha de 110x174 mm. Os papéis utilizados foram o Off white 80 g/m² para o miolo e o Cartão 250 g/m² para a capa. O texto principal foi composto em fonte Adobe Garamond Pro 16/18 e os títulos em Adobe Garamond Pro Semibold 30/30. Impresso no Brasil. *Presita en Brazilo.*